Would you like to be a vice president once a week?

週1副社長になりませんか。

人口最小《ビリ》県「とっとり」にビジネスエリートが続々集まるワケとは

鳥取県立鳥取ハローワーク
とっとりプロフェッショナル人材戦略拠点 戦略マネージャー
松井太郎

週1副社長になりませんか。 目次

第2章

chapter2

「週1副社長」はなぜ成功したのか？

第3章 プロジェクトの成功要因を整理する chapter3

第4章

chapter4

実録　私たちの成功ノウハウお教えします

大成功！「鳥取県で週1副社長」って何？

私は、松井太郎と申します。

某証券会社の口座開設資料請求の申込み（記入例）で見かける名前です。以前、その証券会社から「記入例ではなく、本名を記入してください」と言われたことがありますが、正真正銘の本名です。

１９６７年大阪生まれ。２０１６年からは鳥取県に移り住み、「とっとりプロフェッショナル人材戦略拠点」という組織の戦略マネージャーとして、「とっとり副業・兼業プロジェクト（以下、「週1副社長」プロジェクト）」という都市部のビジネス人材誘致に取組んでいます。

あなたが副業や兼業、あるいは地方の再生や移住などにご興味のある方なら、もしかすると、この「週1副社長」プロジェクトの名前を聞いたことがあるかもしれません。ＮＨＫのニュースや日経新聞などにも大きく取り上げられ、地方創生や地方企業への人材誘致の成功例としてかなり話題になっているからです。自分で言うのもおこがましいのですが、かなり画期的な取組みであると思っています。

「週1副社長」プロジェクトを一言で言うと「お金をかけず都市部で活躍するビジネスパーソンに県内企業の仕事をしてもらう仕組み」です。もう少し具体的に説明すると、月3万円から5万円という安価な報酬で、大都市圏・大企業のビジネスエキスパートに鳥取県の中小企業経営者の伴走者になってもらう取組みとでも言えばいいでしょうか。

このプロジェクトは2019年度から鳥取県でスタートしました。「鳥取県で週1副社長」をうたい文句に、東京や大阪など都市圏で副業や兼業をしたいというビジネスパーソンと鳥取県内の中小企業をマッチングする「週1副社長」プロジェクトを進めていて、各方面から高い評価をいただいています。

内閣府の枠組みの中で他の道府県でも同じように「プロフェッショナル人材戦略拠点」という組織を立ち上げて、ビジネス人材誘致事業を推進しています。実は、わが鳥取県の実績はその中で、ずば抜けた数字をたたき出しています。

都市部から「週1副社長」として参加していただく方への報酬は月3~5万円ですから、大学生の家庭教師に支払う金額と変わりません。下手をするとそれより安いわけで、とても一流のプロフェッショナル人材に仕事をお願いする金額とは言えません。しかし、毎年募集をかけるとあっという間に採用が決まります。

初年度の２０１９年度は14社16求人に対して１３６９件の応募があり、25人を採用。単純計算で倍率は55倍となりました。翌２０２０年度は93人と3倍以上に急増しました。さらに、２０２１年度は年４回の募集で100社100人の採用を目標にしていましたが、第１回目の募集だけで46社68人のマッチングが決まりました。

２回目の募集で前年を上回ってしまったので、後半は少し絞ったにもかかわらず、最終的な採用実績は124社220人と一気に一桁上がりました。２０２２年度は２０２３年３月時点で応募者３１０９人、162社265人のマッチング。このように毎年、応募数、採用数共に着実に伸びています。

副業・兼業の人材を採用した企業数を47都道府県ごとに調査したデータ（２０２２年11月11日の日本経済新聞に掲載された記事『地方副業、鳥取県が先行　「週1で副社長」300人集う』）でも鳥取県がダントツの1位となっています。

この記事によれば、副業解禁の２０１８年以降の累計で日本全国の募集件数は２１５４件。都道府県別では鳥取県が293社で最多です。県内企業では都市圏の副業・兼業人材を採用し、実際に活躍していただいています。募集件数の第2位は大阪府の138社、3位が山口県で128社、4位が富山県の113社ですから、人口比・企業数を比べた時に日本で最も人口が少ない鳥取県の採用数がいかにずば抜けているかが分かると思います。

参考までに、鳥取県と県境を接する県では、広島県は105社と5位ですが、岡山県は26社で23位、兵庫県は24社で25位、島根県は20社で31位です。

データで読む　地域再生

地方副業、鳥取が先行

首都圏のプロ人材呼ぶ

「週1で副社長」300人集う

高度な職業スキルを持った人材が都市部などでの仕事を続けながら、移住を伴わずに地方企業で働く「地方副業」が広がってきた。働き手不足の解消だけでなく、新たな視点で事業を見つめ直すことで経営課題の解決につながる可能性がある。新型コロナウイルス禍でリモートワークが浸透したことも追い風に、鳥取県や富山県などが積極的に推進する。（関連記事を地域経済面に）

地方副業は大企業などで働く技術者や管理職らが、地方の企業で自身の知見や経験を生かす仕組み。国は地方副業を人材不足を補う地方創生の重要な手段と位置づけており、各道府県に首都圏の人材紹介会社と協力したマッチングを促してきた。

仲介する人材会社、みらいワークスとパーソルキャリアの大手2社のデータを2022年8月時点で集計したところ、副業解禁の18年以降の累計で全国の募集件数は2154社だった。都道府県別では鳥取県が293社で最も多く、大阪府（138社）、山口県（128社）、富山県（113社）が続いた。

鳥取県は元総務官僚の平井伸治知事の主導で、中小企業に副業の共同募集を呼びかける。副業を「プチ移住」と位置付け、19年に「とっとり副業・兼業プロジェクト『鳥取県で週1副社長』」と題したホームページを立ち上げた。募集企業の経営者の人柄やメッセージを伝える動画を発信して求職者を募る。

多くの地方企業は優秀な人材を欲するが、一方でスキルを生かせる仕事が年間を通じてあるわけではない。16年の就任以来、700社と面談した鳥取ハローワークの松井太郎戦略マネージャーによると「経営者は優秀な人材に来てほしいが、高い年収は払えない」というのが本音という。

そこで同県は収入よりも将来のキャリアアップや地方創生への貢献などやりがいにつながるテーマをアピールする。成約実績はこれまで198社338人以上。鳥取市西部の鹿野町で宿泊施設などを運営する第三セクター、ふるさと鹿野では、4月から全日本空輸（ANA）で客室乗務員として勤務する真下あずみさんが副業を始めた。玄米茶メーカーや芝生ネット販売会社、サッカーJ3「ガイナーレ鳥取」を運営するSC鳥取などがマーケティング、サイト開発といった分野で募集した。

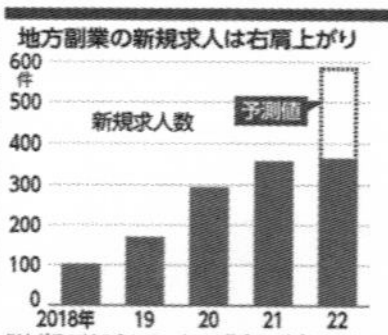

（注）グラフはみらいワークスの仲介サイト「スキルシフト」の新規求人数。22年は9月末実績と1～9月伸び率に基づく予測値。地図は2022年8月時点。副業解禁の18年以降の累計。みらいワークスとパーソルキャリアの仲介データを集計

富山県は県人材活躍推進センターにプロフェッショナル人材戦略本部を設置した。プロ人材を求める中小企業の相談に応じるほか、人材紹介会社に支払う経費の2分の1以内、月2万2000円を助成する副業・兼業人材活用促進事業費補助金を用意する。

アルミ加工のフジタ（富山県高岡市）は今春、ソフトバンク社員の春日壮介さんを副業人材として採用した。ウェブ発信の質を高めてフジタの知名度を上げ、採用や顧客の増加につなげる。

春日さんはオンラインで月数回、ソフトバンクでの勤務を終えた午後6時から1時間程度フジタと打ち合わせをして仕事を進める。「副業で自分の市場価値を確認できる」と話す。

フジタの梶川貴子社長は「ウェブ発信の充実を自分たちでやろうとしたら2～4年かかる。専門家にお願いしてスピードを上げたい」と狙いを語る。「中小企業が能力の高い人を正社員として雇用するのは厳しい。副業はスキルを拾い上げるいい手段」と位置づける。

社員の副業を容認する企業は増えている。パーソル総合研究所の21年調査によると正社員の副業を容認している企業の割合は55%。18年調査（51・2%）より上昇した。

（地域再生エディター 桜井佑介、毛塚正夫、国司田拓児）

日本経済新聞　2022年11月12日付

プロフェッショナル人材を採用できた鳥取県の企業側と、採用された側、双方の満足度が高いこともこのプロジェクトの特徴です。採用難に悩む企業側からは高い評価をいただいていますし、参加してくださっているプロフェッショナル人材の方たちも月額報酬が3〜5万円と安価であるのに、多くの方が継続してくださっています。

このように、人材難に悩む鳥取県内の中小企業、ありあまる力を所属企業外で発揮してみたいビジネスエリート、どちらにとっても満足度が高い取組みとなっています。

この「週1副社長」プロジェクトを推進しているのが、ＪＲ鳥取駅構内に事務所を構える「鳥取県立鳥取ハローワーク（以下、鳥取県立ハローワーク）」内の「とっとりプロフェッショナル人材戦略拠点（以下、プロ拠点）」※であり、その戦略マネージャーとして、２０１６年からプロ拠点の指揮を取ってきたのが私、松井太郎というわけです。

※「プロフェッショナル人材戦略拠点」という組織は、地方の中小企業が大都市圏の人材を獲得・活用できるように２０１５年から内閣府地方創生推進室がスタートさせた「プロフェッショナル人材戦略事業」によって東京を除く46道府県に設置された組織のことを指します。鳥取県も２０１５年11月に拠点を開設しました。

私自身のことを振り返ると、鳥取とはもともと縁もゆかりもありません。地方創生や地方への人材誘致についても自分とはあまり関係のないことだろうと思って生きてきました。

そもそも生まれたのは大阪で、仕事の大半は東京でした。人生も仕事もすべて都会の喧噪の中にありました。都市圏こそ自分が生きる場所であり、自分の仕事が輝く所だと信じて疑わなかった人生です。

そうした自分が、今、鳥取に居を構え、やっている仕事といえば、鳥取県の「週1副社長」プロジェクトの推進者。都市圏の「できる人」たちに副業・兼業で鳥取の地域企業に参画してもらう、ビジネスエリート人材誘致です。しかも、東京や大阪で仕事をしていた時よりもはるかに満ち足りて、社会課題の解決に寄与できる喜びを感じながら取組んでいます。

実は、正直なところ、この状況を私自身もまだ完全には消化しきれていません。仕事に満足しているだけなら分かります。でも、どうやらそれだけではない。都会の喧噪の中で生きてきた私が、鳥取でこの土地の持つ風土というか文化や自然、気候に食べ物、家屋、そして鳥取の人たちにも強いシンパシーを感じながら心地よく幸福を感じて、生きている不思議。今までの自分とは180度違う生き方をしているのはなぜなのか？

こんなことを日々感じるようになり、それを自分の中で整理してみようと思ったことがこの本を書くきっかけになりました。

そもそも、なんでこういうことになったのか？　なんでこのプロジェクトは成功したのか？　なんで自分はこんなにも充足しているのか？　自分の生き様を含めて、今まで積み上げてきた仕事のノウハウや勘どころ、そして参画してくれた人たちの声や体験談など……。もちろんいいことだけじゃない点も含めて、まるごと一冊の本にまとめてみたいなと思い始めたのです。

ここまでの取組みはひとまず私にとっても予想を大きく超える成功です。もちろん、この成功がずっと続くのかどうかは分かりません。しかし、東京都を除く全道府県の中で他に大きく差を付けている現状には何らかの理由があるはずです。この成功のカギをきちんと整理し、できるなら周りの人にも共有したい。そう思っています。

さらに、都会の中でこそ輝くと思っていた自分が、なぜ鳥取県で仕事をし、暮らしているのか？　その答えにも迫ってみたいと思っています。鳥取で結婚もし、家族もできました。田舎暮らしなど興味のなかった私が、本気で鳥取の地に骨を埋める気になっている。自分でも意外なこの事実が、もしかすると、幸せとは何かという、万人にとっての大きな課題解決につながるかもしれない。

そういうことをまとめた一冊の本が出来たなら、私のいまやっていることに賛同してくれる人、共感してくれる人、さらに言えば、同じような行動を起こしてくれる人が増えるんじゃないか、そして、きっと心地よい生き方を感じる人の数も増えるんじゃないか、その結果、いま多くの日本人が感じている閉塞感みたいなものを打ち破ることすらできるんじゃないか、けっこう本気でそう信じています。

そのためには、松井太郎という人間が、なぜ、このプロ拠点の戦略マネージャーになったのかというところから話をしなければいけないし、自分の感じたこと、思ったことを包み隠さずすべて開陳することが必要です。この本では、そこから知っていただきたいですし、そうでなければきっと共感してもらえないのではと思っています。

ですから、まずは私の時計の針を巻き戻します。時は２０１５年。ほんの偶然からすべてが動き出しました。

chapter 1

第1章

鳥取との出会い

「週1副社長」プロジェクトの誕生

縁と偶然が重なった出会い

鳥取県と何のゆかりもなかった私がプロ拠点の戦略マネージャーになったのは、さまざまなご縁と偶然が重なった結果でした。

最初のきっかけは、私の出身企業であるソフトバンクグループの人材紹介会社、SBヒューマンキャピタルの当時の取締役Kさんでした。当時のKさんは、廃校予定だった鳥取県八頭町にある隼小学校の再活用プロジェクトに携わっていて、親しくさせてもらっていた私もよくこの再活用プロジェクトの話を聞いていました。

「地方創生」を合い言葉にして、内閣府が「プロフェッショナル人材事業」をスタートさせたのが2015年のこと。翌2016年4月の本格スタートを目指し、東京と沖縄を除く45の道府県に戦略拠点を置き始めている時期でした。

もちろん鳥取県もその例に漏れません。プロ拠点の設置に向けて準備が始まっていて、その戦略マネージャーを探していたのです。そして鳥取県側から打診を受けていたKさんの脳裏に浮かんだのが私だったのです。

2015年の初秋、ある日の午後、私の携帯にKさんからの電話が入りました。

挨拶もそこそこに、Kさんが切り出した話は、鳥取県でプロフェッショナル人材事業の戦略マネージャーを探していること、そして私の知り合いで誰か興味のありそうな人はいないか、というものでした。

今から考えると、Kさんの念頭には私があったのでしょう。最初から「松井さんやらない？」と聞くのもせっかち過ぎると考え、婉曲に「誰か興味のありそうな人はいない？」という言葉を選んだと思われます。

もしこの時「松井さんやらない？」といきなり言われていたらどうだったでしょうか。当時の仕事の状況を考えると、軌道に乗りつつありましたし、それなりに多忙でもあったので、おそらくはお断りしていたはずです。Kさんはそれも想定してのお電話だったのでしょう。

私も、まさか自分が採用ターゲットとはつゆほども思わず、その時は「承知しました。気にかけておきます」とお答えして電話を切ったことを覚えています。

電話をいただいてからちょっとの間は、やりそうな人はいないかと知人の顔を思い浮かべ考えてみました。でも、力を発揮しそうな人は皆さん忙しく、私も鳥取という場所がどういう所なのかほとんどイメージできなかったものですから、ほどなくKさんに推薦できるような候補者はいないと結論をくだしました。そのまま戦略マネージャーの件はすっかり頭の片隅に追いやり日々の仕事に没頭していました。

そこから2ヶ月ほどたった2015年11月初旬のある日のこと、再びKさんからの電話がありました。

「お久しぶりです」

私が何気なく電話に出ると、Kさんはいきなり、

「松井さん、いま東京にいますか？　前に話した戦略マネージャーの件、よかったら松井さんが応募してみない？　今から会って話がしたいんだけど」

と切り出してきました。

数ヶ月前の電話をすっかり忘れていた私は、内心あわてましたが、その日の仕事が一段落していたこともあり、せっかく声をかけてくれたKさんとお会いしないわけにはいかないと、一献交わすべくオフィスのある六本木へ向かったのでした。

居酒屋に行き、まずはビールで乾杯、しばし旧交を温めながら、まずはKさんの隼小学校のプロジェクトについてなんやかやと話が弾んだことを覚えています。

それまで、私は鳥取県のことはほとんど知りませんでしたし、正直なところあまり興味

はありませんでした。でも、Kさんが隼小学校の再活用プロジェクトについて、いきいきと話をされるのを聞くうちに、鳥取県への興味がムクムクと湧いてきたのです。

おそらく電話で話をしていたら、そんな気にならなかったと思います。隼小学校のプロジェクトや鳥取の魅力について話すKさんの表情、声、身振り手振り、全身から「鳥取はいいよ」という気持ちが感じられたのだと思います。いつの間にか私にもとても魅力的な土地に思えてきたから不思議です。

頃合いを見計らったKさんは、私の目を見て、ハッキリと言いました。

「松井さん、やろうよ、これは絶対面白い。それに松井さんほどの適任はいない。一緒に鳥取でやろう」

Kさんの熱い気持ちが伝わってきました。

正直、信頼するKさんにここまで言ってもらっては、きちんと正対して答えないわけにはいきません。でも、頭の中でいろいろな考えが浮かんでは消え、答えはなかなかまとまりません。

経営コンサルタントの仕事には満足していました。自分にはぴったりの仕事だし、クライアントにもご評価いただいている。このままいけばある程度業績も伸ばせる。第三者が見れば順風満帆なこの状況を変えてまで何も鳥取に行く必要はない。東京は自分にとって肌に合う。年齢だって若くはない。リスクを取らなくたっていい……。

しかし、Kさんがこんなにも言ってくれる。顔はつぶせない。それに人材関係は、もともと教師になりたかった自分としてはやりたかった仕事でもある。新しい挑戦というのにも惹かれる。地方の困っている会社の助けになる。うまくいけば、日本全体の社会課題を解決するようなことになるかもしれない……。自分としてはそういうことに燃える。敬愛する稲盛和夫さんのおっしゃる「利他の精神」からすれば、これこそやるべき仕事ではないのか。自分は独り身だから行こうと思えば行ける。どうする……。

さんざん迷った果てに、私はKさんにこう言っていました。

「分かりました。応募してみましょう」

正直、自分でも、言ってしまった、と思う気持ちはありました。

しかし、Kさんの話を聞くうちに、自分以上の適任はいないだろう、Kさんが私を推薦するのももっともだと感じていたのです。考えてみれば、経営コンサルタントとしての力試しにもなります。もし選考に落ちたらそれまでの話。応募しさえすればKさんの顔も立つ。

こう考えて応募するだけ応募してみようと決めたのです。

これがそもそもの始まりでした。

それからは大慌てです。なにせ応募締め切りまでわずか2日しかありません。

その頃の私は東京と大阪を行き来していて、ゲストハウスに泊まるのが趣味でした。その日も羽田空港近くにある外国人宿泊者がメインのゲストハウスに宿をとり、夜9時ごろからシェアキッチンにこもり、応募書類を徹夜で書き上げました。完成したのは外が明るくなりかけてきた頃。応募書類を速達で送って、ぎりぎり応募締め切りに間に合いました。

実は本来、この日は出張で台湾にいる予定でした。たまたま日程がずれたからKさんと会えたし、鳥取県との縁がつながった。縁と偶然が重なって、人生の流れが変わったような気がします。

うまくいく時はスムーズに進む

応募書類は無事、鳥取県の審査に通り、11月下旬に一次面接が設定されました。一次面接と二次面接の2回。二次面接が最終面接とのことです。一次面接は鳥取県庁で行われ、たった15分ほどで済んでしまいました。

手応えのあるなしを言うほど濃密な面接ではなく、あまりにあっさり済んでしまって拍子抜けというのが正直なところでした。

そこから約2週間経っても何も連絡がなく、翌週には延期になっていた台湾出張があるので気にはなっていました。もし出張中に郵便が届いて最終面接の日時が迫っていたらと思うと、気が気ではなかったのですが、帰国してから間もなく一次選考通過の郵便が届きました。通知書には年末も押し迫る12月21日14時20分から最終面接と書かれていました。一次で落ちることはまあないだろうとは思っていましたが、無事通ってホッとしました。

最終面接はやはり鳥取県庁で行われました。面接官は平井伸治知事と当時の雇用人材局長です。鳥取県のトップ自らの面接ですからさすがに緊張しました。しかし、面接の途中で平井知事から、「いつから来られますか？」とその場で聞かれ、これってどういうこと？と内心動揺しましたが、すぐに採用が決まったということだと悟り、「1月前半から行けます」とお答えしました。

平井知事は、「では1月6日から来てください」とひとこと。さすがに驚きました。

これだけのスピードで鳥取県に移住することが決まったわけで、「不安だったんじゃないですか？」「よく覚悟を決めましたね」とよく言われますが、本人としては吸い寄せられるように鳥取へ行った感覚で、特段の覚悟を持っての決断ではありませんでしたし、できるか・できないかといったこともほとんど考えていませんでした。独り身でしたし、やってみて駄目だったらまたその時に考えればいいくらいに思っていたのです。

経営コンサルタントの仕事はそれなりにうまくいきつつあり、やり甲斐もあり、満足のいく成果を出していたものの、どこかマンネリを感じていたのだと思います。たまに気分転換に銭湯へ行っては湯船に浸かり天井を見つめ、「これが本当に自分が進むべき道なのか……俺はこのままずっとこの仕事をしていていいのか」とふと考えることがありました。今思えば、コンサルティングの仕事を一生の仕事とは思えていなかったのでしょう。変化を求めていたのかもしれません。

それに、これだけスムーズに物事が進むのは初めてでした。経験上、うまくいくことはとんとん拍子に進むし、うまくいかないことはどれだけ苦労をしても全く思い通りにはならない。だからこれだけ物事がスムーズに進むということは、「やってみろ」ということだと解釈しました。

ただ、慎重な人からすれば信じられないと思われるかもしれませんが、私は戦略マネージャーがどういう仕事をするのか深く考えていませんでした。コンサルティングの仕事と似たようなものだろう、何とかなるさといった具合です。そもそも当時は内閣府のプロフェッショナル人材事業自体が立ち上がったばかりで、具体的に何をするか、事業を所管する内閣府と全国事務局、有識者を交えて話し合いを進めている段階だったので、まだ実際の仕事そのものが固まっていなかったのです。

それでも「やってみればこれまでの経験でかなりのことができる」と思っていましたし、何も決まっていないからこそ、一から自分で事業をデザインできることにも魅力を感じていました。図らずもサラリーマン人生のほぼ全てが、新規事業の立ち上げか既存事業の立て直しでしたので、うまくいかないことはある意味当たり前で、そういう時は「ま、いいか」と開き直り、切り替えられる人間でもありましたので、「行ってからのお楽しみ」という感覚での決断でした。

そして、結果的には、あまり準備も下調べもせずに現地に行ったことがプラスに働きました。私としては歓迎していただけるものだろうと考えていましたが、地元の新聞や大手新聞の地方欄に掲載された戦略マネージャー募集の記事は、決して好意的な内容ではありませんでした。

現地の受け取り方は私の期待とは真逆だったのです。経営コンサルもどきの戦略マネージャーを、日給7万円の15日稼働、つまりは月給105万円で雇うということに対して、金額面のみが取り上げられ、バッシングに近い記事が飛び交っていました。内容は、鳥取県知事の給与とほぼ同額を支払って、本当に地方創生が実現できるのかというもの。報酬だけが一人歩きし、変に注目を集め、ネガティブに報道されていました。もし事前準備をしていたら、メンタル面では強いほうですが、それでも心がくじけていた可能性があります。

鳥取県の人は感情を表に出さない人が多いのですが、私が戦略マネージャーに着任して初めて県庁を訪れた時、心の底では「何だコイツは」と思っていた人もいたということなのでしょう。就任初日の記者会見の様子も、連日のビジネスホテル泊まりで録画ができずに映像は見られなかったので良かったのですが、「日給7万円の男」と報道されていたはずです。

何も知らなかったから気楽に構えていましたけれど、今考えると冷や汗が出ますし、同じことをしろと言われてもおそらくできないでしょう。

しかし、知らないということはある意味強いということです。ろくに下調べもせず、半ば遠足気分で現地に行ったことが功を奏しました。天の計らいか、偶然の重なりか、幸運にもプロ拠点の戦略マネージャーとしてスタートを切ることになりました。

人材紹介サービスを利用するだけでは、高すぎるし効果も出ない

私が戦略マネージャーに着任した2016年1月時点で、プロフェッショナル人材事業の基本的なスキームは、「都会で活躍しているビジネスパーソンを移住就職（正社員）で地域企業に紹介する。その紹介の方法として、民間の有料職業紹介事業者を使う」というものでした。

では、戦略マネージャーは何をするかというと、地域企業を訪問して経営課題を解決する人物像を明確にし、その情報を民間の人材紹介事業者につなぐ。ここまでが戦略マネージャーの仕事です。その後は人材紹介会社が地域企業と直接やり取りして、人材のマッチングを目指すわけです。

率直に言って、「このやり方は無理だろうな、特に鳥取には馴染まないだろう」と思いました。

というのも、人材不足に悩んでいる県内企業の多くは中小企業というよりは俗に言う、零細企業に近い規模のところが多く、本音は、優秀な人材に来て欲しいけれども正社員で雇うほどの金銭的余裕はないのです。

これに加えて、民間の人材紹介会社を使うと、小さな会社にとっては紹介手数料が目が飛び出るほどの値段になります。

当初考えられていたやり方で人材のマッチングをすると、地域企業が紹介手数料を負担することになります。当時の紹介手数料は年収の30％ほどでしたから、年収400万円の人を採用したら120万円を払う必要があるのです。鳥取県の中小企業でこの金額を払える企業はそう多くありません。そして、都市部の「できる」人材の年収は400万円では絶対に収まらないはずです。

正社員としては見合う仕事も待遇も用意できない

さらに、仕事内容と待遇のミスマッチの問題があります。確かに県内企業は専門人材がいないことで困っていますが、どの会社も正社員として常勤で働いてもらうほどの仕事も、それに見合う待遇も用意できないのです。たとえ採用できたとしても、受け入れる会社側は背伸びをして破格の待遇を用意しながらせっかくの人材を使いこなせず、高い買い物をしたと後悔することになります。一方、都市部から来てくれた優秀な人たちは自分のスキルやノウハウを生かす場がないことに失望し、自分の人件費が鳥取では平均の何倍ものコストと捉えられていることに愕然とするのです。待っているのは関係の解消。つまり破談です。

そもそも、既に経済的な基盤と社会的なポジションを確立している都市部のビジネスエリートが、地方創生、地域活性化や地方貢献に興味があるというだけで、鳥取県内企業へ移住就職することはなかなかありません。

Uターン採用で鳥取県出身者の新卒を狙ってもあまり効果は見込めません。鳥取県出身者で、都市部の大学で専門知識を蓄えた若手人材については、もし彼らが卒業後に鳥取での就職を希望したとしても希望が叶うケースはまれです。そもそも受け入れ先として、そこそこの収入が担保できる仕事は公務員や銀行員くらいしかありませんので、都市部の大学で学んだ新卒者の約3割しか鳥取で就職しません。結果として、その多くが都市部で職に就くのです。

私からすれば、一般に考えられている移住就職のアプローチ方法が根本のところから間違っているとしか思えません。不謹慎かもしれませんが、ナンパにたとえて言うとそのおかしさが分かります。こちらが男性だとして、道を歩いている女性にいきなり「今から自分の家で飲みましょうよ」と声をかけるようなものです。こう言われて、実際に来てくれる人はいません。こう声をかけるのも来てくれるのもちょっと危ない人でしょう。

きちんとお付き合いして欲しければ、正しい交際のステップを踏む必要があります。最初にお互いが「いいな」と思うところから始まり、まず手始めにお茶や食事に行きフィーリングを確認する。気に入れば交流が深まり、さらに一歩距離が近づけば交際に発展し、この人と見定めればやがては結婚というご縁につながる。こういうきちんとしたプロセスをぜんぶ飛ばして、いきなり「はじめまして。私と結婚してください。親と実家で同居の条件でお願いします」と言うようなアプローチが実るわけはないのです。非現実的です。

これまでの移住就職で取られてきたアプローチを踏襲していたら、人材紹介会社を通じても移住就職を希望する人は少なく、互いの妥協に基づいてマッチングが成立するような案件しか出てこないでしょう。運が良くて年間数件から10件が成立するかどうか。それも持続的な関係にはなりにくいと思ったのです。

専門人材の力を分割で借りる、逆転の発想

地方の小さな企業が「この課題を解決したい。解決すれば道が開ける」と思っても、実際にはやれる人はいないのが現実です。

例えば、ある小さな地方企業が日本全国に顧客を求めようとネット通販用のサイトを立ち上げることを考えたとしましょう。でも、会社の中にネット通販の経験やスキル、ノウハウを持っている人がいなければなかなかサイトは立ち上がりませんし、たとえサイトが出来たとしても放置されてしまうのが関の山です。その結果、大きな販売チャネルを失い、事業成長の機会も失われていくわけです。

このままではまずい、さてどうしたものか……、と考える中で頭に浮かんだのは、「移住就職によって年俸1000万円の優秀な正社員一人を獲得するのではなく、年俸1000万円の優秀な人材の力を分割で借りられたら」というアイデアでした。つまり、地方への人材誘致に副業・兼業のアイデアをかけ算したらどうだろうと閃いたのです。

鳥取県に限らず、地方の中小企業は経営課題があるから専門人材が必要なのではなく、専門人材がいないからさまざまな経営課題が出てきてしまうのです。優秀な専門人材に来てもらいたくても、県内企業にはその人に支払うだけの十分な資金力と、そもそもやっていただくだけの十分な仕事があるとは言えません。ですから望む人材はなかなか採れません。しかし、副業・兼業なら何とかなる。そう考えました。

思いついたら早速行動です。

「ボランティア感覚で週1回くらい手伝ってもらえないか」と、実験的に自分の知人を中心に声をかけたところ、すぐにＯＫの返事が来ました。結果的に、この年は年間５件ほど副業・兼業のマッチングができました。

「高額の手数料を払って正社員を採用するやり方は鳥取には馴染まない。鳥取には副業・兼業の考えを取り入れたマッチングしかない」と確信しました。しかし、副業・兼業でのマッチング案件は、正社員採用ではないので実績としてはなかなか認められませんでした。内閣府のほうには「副業・兼業のマッチング分まで実績に入れてほしいと」と口を酸っぱくして伝えることで、初年度の２０１６年からマッチング実績に計上されることになりました。つまり２０１９年に「週1副社長」プロジェクトが始まる前から、プロ拠点のマッチング実績の半分は副業・兼業だったのです。

しかし、鳥取県側からはあくまでも正社員でのマッチングでなければ、きちんとした実績としては認めてもらえませんでした。今の副業・兼業での成功は、助走的には始まっていましたが、それは陸上競技で言えば追い風参考記録のようなものです。正式な記録ではありませんでした。

月給105万円の男の働きとしては十分なものではないと見られていたのです。

手応えがあっても辛抱の時間が続く

私個人としては、初年度から副業・兼業という形でのマッチングが5件成立したことはそれなりの成果だと思っていました。しかし、鳥取県側の期待はもっと別のところにありました。つまり、あくまでも正社員の案件が増えて欲しかったわけで、その考えからすれば副業・兼業でのマッチングは評価されません。

釣りをする人であれば「外道」という言葉をご存じかと思いますが、鯛を目的の釣果とした時に、鰺や穴子が釣れてもあくまでもそれは外道であり、釣果には入れません。もちろん、鰺も穴子も美味しくいただけますから、釣れれば嬉しく美味しく食べもします。しかし釣りという観点から見れば外道は外道です。ビジネス的に難しく言えばKPI（キー・パフォーマンス・インジケーター）ですね。KPIには反映されないのです。

ですから、副業・兼業という観点で見れば、大物がかかっている手応えを確信しながらも、県側からの私の評価はどんどん下がっていくという、私にとっては辛抱の時間でした。2019年度に「週1副社長」プロジェクトが始まるまでの3年。楽観的な私にもさすがに苦しい時間が続きました。

３年で２回のクビ宣告

実はこの3年の間に、私は2回クビになりかけています。

一度目は、戦略マネージャー着任2年目の２０１７年７月のことでした。日給７万円の男なのに、１年目の実績は年間でたった10件のマッチング。うち副業・兼業案件が５件ですから、正社員での採用はわずか5件というものでした。県の担当者からは成果が上がっていないことを理由に、「県の財政が厳しいので２０１８年３月をもって事業終了となる予定です」と告げられました。

個人的な確信はあっても正式なＫＰＩを達成できていない以上、ある意味、当然の結果です。成果の上がる見込みがなければ事業を止めるというのは、私も小さいながらもいくつか会社（後述のあきんど太郎を含む）を経営してきた身ですから十分に理解できます。クビとなったらそれはその時のこと。自分としては全力で努力を続ける。クビ宣告があるまでは手を抜かず、とにかく愚直に、できることを必死にやりました。

今振り返ると、最初の３年間で自ら訪問した県内企業数は700社に上ります。１年で200社以上ですから、この時は、ほぼ毎日のように企業訪問をしていたことになります。さらに、他府県の各拠点の戦略マネージャーや人材サービス企業など、この事業に関わる全ての人たちに積極的に会いに行き、土日も関係なく毎日のように情報収集と意見交換に励みながら「何が鳥取にとってベストなのか」という自問自答を続け、打てる手を打っていました。

そうやって、人知れず続けた地道な努力が、ボディーブローのように効いたのかも知れません。

2017年も終わりに近づいたある日のこと、2018年3月で、鳥取県がプロフェッショナル人材事業を終了しようとしていることを耳にした内閣府の幹部が来県して、当時の県庁幹部と会談することになりました。内閣府側から「この事業は数値としての成果はまだ出ていないけれど、鳥取県内企業のためにはなっている。だから事業を継続してもらえないか」と話をしてくれたのです。

年俸60%減を受け入れる

そして、2018年度の事業継続が決まりました。

どうにか首の皮一枚つながって3年目まで生き長らえたのです。ですが、つながっていたのは本当に皮一枚だけ。継続が決まったとはいえ「2018年度限りで終了する」と言われていましたし、日給も7万円から60％ダウンの大幅な減給を打診されました。私としては最初は三顧の礼で迎えられたくらいに思っていましたので、内心は穏やかなものではありませんでしたが、必ず成果が出るはずだという確信が私に勇気をくれました。

「その金額で結構です」

即答していました。

悩みながらも、絶対にものにできる、やっていることも方向性も間違っていないという確信、そして自分の能力や腕への自信は一度たりとも揺らぎませんでした。

周囲の人の支えもありがたいものでした。県内で私を支援してくださる方も着実に増えていました。県庁内部でも理解してくださる方々がたくさんいらしたし、他拠点の戦略マネージャーたち、内閣府や全国事務局の方々からも励ましのお言葉を何度もいただきました。この応援の声を頼りに、一つひとつ、やれることを着実に進めていました。

二度目のクビ宣告

しかしながら、２０１７年度（２０１７年4月〜２０１８年3月）のマッチング実績もあまりパッとしませんでした。そして二度目のクビ宣告がやってきました。

2018年4月に入り、「2019年3月（2018年度）で事業を終了する」と伝えられました。2018年5月には、当時の雇用人材局長、課長と私の3名で東京（永田町）の内閣官房まち・ひと・しごと創生本部（現在は内閣官房デジタル田園都市国家構想実現会議事務局）を訪問し、今年度（2018年度）で事業終了の旨を正式に伝えました。

当時の参事官と参事官補佐の顔色がみるみるうちに険しくなっていくのを目の当たりにしました。

両者の話し合いは平行線のまま、2時間が過ぎて時間切れ。いつもならエレベーターホールまで見送ってもらえるのですが、参事官と参事官補佐は席に座ったまま。雇用人材局長と課長は役目を果たしたという感じで晴れ晴れとした様子でした。ちょうどお昼時だったので、ランチに誘われましたが、私は食欲が全くなく、そのまま地下鉄の改札口でお別れしました。

鳥取県がプロ拠点を辞めるという話がまたたくまに全国へ伝わり、翌日から全国事務局や全国各拠点の戦略マネージャーから励ましの電話やメールをいただきました。参事官からは「事業継続に向けて我々が何とか頑張りますので、松井さんにお願いしたいことはたった一つ、ネガティブにならずいつも通りに仕事を続けてください」と定期的に電話をいただきました。

二度目のクビ宣告を受け、次に事業の継続が決まるまでの間は私にとってまさに艱難辛苦の時間でした。事業予算は大きく削られ、２０１８年６月に鳥取県立ハローワーク内に移転した当初は、事務所の電話やＦＡＸ、インターネットも使えないという状況でした。

２ヶ月後の２０１８年８月に電話、ＦＡＸ、インターネットを使えるようになるまでの間は、自分の携帯電話で仕事の電話をかけ、インターネット環境も自分の携帯のテザリング機能を使って整えました。ＦＡＸは使わずになんとかしました。このように、仕事で使うツールや環境面は自前で何とかなりましたが、さすがに精神的にはきついものがありました。古い言葉で言えば窓際族的というか、早く自分から辞めてくれと言わんばかりの扱いを受けたのです。

自分でも「よく辞めなかった」と思います。私を支えていたのは、必ず副業・兼業が大きく伸ばせるという確信と、意地です。意地がなかったと言えば嘘になります。

大人は「ちゃぶ台返し」をしない

正直言えば、すべてを放り投げてしまおうかと思ったことは何度もありました。このまま続ければ副業・兼業で人材を必ず誘致できるという確信はありましたが、何もこの土地で実現しなくたっていいとも考えました。しかし、もしここで辞めたら、事情を知らない人は私がテーブルをひっくり返し、ケツをまくって逃げたと考えるでしょう。

私は、ビジネスパーソン・松井太郎という人間の価値を一つずつ高めていきたいと思って生きてきた人間です。俗っぽい言い方になるかもしれませんが、松井太郎のブランドを大切にしています。もしここでケツをまくってしまったら松井太郎のブランドに瑕疵が残ります。もっとかっこよく言うならば「レピュテーションリスク」は取りたくなかったのです。

ですから、「明確にクビだと言われるまで、自分から辞めるとは言わない」と決めていました。

また、古い言い方になりますが「大人は最後の最後までちゃぶ台返しはしない」が私の信条だったことも辛抱を助けてくれました。人と人とのコミュニケーションがあってこそ、そしてその化学反応があってこそ初めて何らかの創造がなされると信じていますので、最後の最後まで堪忍袋の緒をつなぎにつないで、どうしても切れざるを得ないというところまでちゃぶ台はひっくり返さないつもりでした。

時折疲れを取りに行った自宅近くの銭湯（実は私は銭湯が好きで、何か行き詰まると銭湯の広い湯船に浸かって考えごとをします）で湯船に浸かりながら天井を眺め、「この状況はいつか変わる」と言い聞かせていました。今の状況を全て受け入れ、諦めるところは諦め、自分が正しいと思うことを着実にやりながら、状況が変わるのを待つ。途中で仕事がなくなれば、それはその時。ご縁がなかったと割り切ろうと考えていました。

それから半年ほど、何も状況は変わらないまま時間は過ぎていきました。もちろん気持ちは上がりません。しかし、立つ鳥跡を濁さず、終わりはきれいにしなくては、それが松井太郎という男のやり方だ、と自分をなんとか奮い立たせながら、私は全力でやれることをひたすらやり遂げることに集中していました。

この頃は既に、鳥取県の中に私と同じように副業・兼業の可能性を信じる方が増えていました。特に共に働く鳥取県立ハローワークの方々は同志的な存在であり、私にとっては心強い味方でした。

２０１８年11月30日のこと、各拠点の戦略マネージャー有志が集まり、鳥取県立ハローワークのセミナールームで勉強会を実施しました。もうこれが最後の勉強会になるかもしれないと参加者一同がしみじみしていると、勉強会終了後に当時の鳥取県立ハローワークの所長が「松井さん、来年度も継続になったよ！」とセミナールームに飛び込んできました。

どのような経緯で具体的にそうなったのかは、今となっては知る由もありませんし、想像の域を出ませんが、どうやら、私の知らないところで、内閣府と鳥取県の間で何らかのやり取りがあったのでは？と思っています。

勉強会終了後の懇親会が事業継続の祝賀会になったのはいうまでもありません。

捨てる神あれば拾う神あり

現在のプロ拠点運営に大きな影響を与えた出来事として、私が社長（代表取締役）を務める地方創生の総合商社「あきんど太郎」の存在があります。この、あきんど太郎は、一度目のクビ宣告を受けた頃、２０１７年12月に設立した会社です。

鳥取県側にもきちんと説明して、あきんど太郎の設立を認めてもらいました。

戦略マネージャーの業務日が15日間なので、それ以外の非業務日に「あきんど太郎」として地域商社的な活動を行うことはもちろんのこと、プロ拠点の業務で知り得た情報を「あきんど太郎」の業務に使用しない。つまり「李下に冠を正さず」で業務の棲み分けにはかなり気を使い、県との委託契約書の中にも明文化しました。

その後、2022年2月には県委託事業のみを行う「一般社団法人とっとりプロフェッショナル人材戦略拠点」を設立し、県委託事業は一般社団法人へ、それ以外はあきんど太郎へということを県に説明し承認を得ています。

県内企業を訪ね歩いて経営者の悩みを聞く中で、販売促進、販路開拓、人材育成、新規事業の立ち上げ……と、さまざまなことに困っていることが分かりました。中には「都市部の人をわざわざ呼ばなくていいから、松井さんがコンサルティングをしてくださいよ」とおっしゃってくださる県内企業がいくつもあって、その声に応えられるならと思って設立しました。

正直なところ、会社を設立すること自体が県側を刺激してクビ宣告のリスクになるということはありましたが、自分としてはクビになった時の居場所をつくっておきたかったということもあります。

2017年12月はちょうど「隼Ｌａｂ.」がオープンするタイミングで、そのための居場所が必要でしたので、信用度を高めるため個人事業ではなく法人を設立することにしました。

「隼Ｌａｂ.」とは鳥取県八頭町にあり、２０１７年3月に閉校になった八頭町立隼小学校の建物（旧校舎）と敷地を活用した新たな産業・雇用を創出する場や地域住民の集いの場を目的に設立されたもので、２０１７年12月10日にオープンしました。私を鳥取県に誘ってくれたKさんが進めていたプロジェクトです。

まだ明確に何をするかはハッキリと決めていなかったものの、後に繋がる足場を残したいというのもそうですし、地域の方々にも大変お世話になったので、日給7万円の男という一発屋ではなく、地域のためになる誰にでも分かりやすい地に足の着いた成果を残したかったというのもあります。私は松井太郎という自分のブランドを大切にしたいと思っていますので、ここについては譲れないポイントだったのです。

２０１７年秋に参加した地域の懇親会で、ある人との立ち話で「県内企業に対して地域商社的な立ち位置でお手伝いができたらうれしい」という話をしました。そうしたら偶然にもその場に鳥取銀行の支店長さんがいらして、後日、鳥取銀行の役員さんから連絡をいただきました。

役員の方とお会いして30分ぐらいで出資をいただくことが決まりました。戦略マネージャーとしてはなかなか成果が認められないという状況でしたが、一方で一筋の光明が差していたのでした。

ちなみに「あきんど太郎」に対する鳥取県側からの反応はほとんどありませんでした。すでに官民が連携してひと足先に立ち上がった地域商社があったというのもあるでしょうし、戦略マネージャーとして実績が出せていないのに何ができるの？といったところでしょうか。

こうして、２０１７年12月、地方創生の総合商社、株式会社あきんど太郎が誕生しました。「商人（あきんど）」をする松井太郎だから「あきんど太郎」です。あきんど太郎の話は後述するとして、なぜこの会社がプロ拠点運営に影響を与えたのでしょうか。その理由には内閣府のプロ拠点のスキームが関係しています。

そもそも46道府県ごとに設けられたプロ拠点のスキームは大きく二つあります。

一つは、道府県が直営し、戦略マネージャーは県の会計年度職員として直接契約をするケース。もう一つは、県が外郭団体に運営を委託し、その団体と戦略マネージャー個人が雇用契約を結ぶパターンです。後者の外郭団体とは、官公庁の組織の外にありながら、その官公庁の補完的な業務を行う団体のことを指します。

鳥取県のプロ拠点の場合は後者の仕組みを採っていて、当初は鳥取県が「鳥取県経営者協会」という団体にプロ拠点事業を委託していました。

「戦略マネージャーの松井さんが実質的にトップとして、迅速な意思決定がしやすいようにしたほうがいいのでは」という合理的な理由もあり、2018年12月に二度目のクビ宣告がひっくり返った後、2019年度からは事業の委託先が「あきんど太郎」に変更されました。

これは地方自治体の事業の例としては、とても稀なケースだと思います。私の事例に先立って、長崎県で戦略マネージャーの会社がプロ拠点事業を受託した前例があり、あきんど太郎に委託先の変更を検討する際、「戦略マネージャーが所属する企業に事業を委託する」というルールになったようです。

あきんど太郎の設立は、クビになった後のこと、つまり最悪のケースを想定してという気持ちもありました。明確なビジョンを持っての起業というよりは、周囲の期待に応えたいという気持ちとリスクヘッジという二つの理由からの起業でしたが、それが結果的に私がプロ拠点の戦略マネージャーを続ける時の追い風になったのですから、禍福はあざなえる縄のごとし、不思議な縁としか言いようがないし、何が起こるか分からないものだとしみじみ思います。

ついに「週1副社長」プロジェクトがスタート

とはいえ早々に県が望む結果を出さなければ、三度目のクビを宣告されないとも限りません。

そこで動き始めたのが、それまで実証実験的にやっていた副業・兼業のマッチングを事業化することでした。3年間、手応えを感じ続けていましたが、周囲の環境が変わったことでようやく本格的に着手できるようになりました。

それまでの副業・兼業でのマッチングは私の個人的なルートで人を探していましたが、規模を拡大させるには人材紹介会社と組んで、世の中に大々的に発信して人材募集をする必要があります。幸いにも人材マッチングサービスのビズリーチとのご縁があり、2019年7月、ついに「週1副社長」プロジェクトをスタートさせることができました。

実際のプロジェクトは私とビズリーチから二人、計三人が主となって推進しました。ビズリーチからは、先行して広島県福山市での副業案件の事例があるので、求人募集すれば一定の応募があるだろうという情報をもらっていました。

問題になったのは、鳥取県内企業が副業人材を受け入れたいと思うかどうかです。

プロジェクトがスタートするちょっと前に、鳥取銀行がやっていた県内の主に2代目若手経営者の集まり「アトツギベンチャープロジェクト」のメンターとして事業説明の機会があり、手応えを得ていました。

その後、「アトツギベンチャープロジェクト」の参加企業のところへ1社ずつ企業訪問し副業求人を獲得しました。

なぜ、後継ぎをターゲットとしたのか。

企業の後継ぎ、特に初代が起業し成功した会社の2代目は、できる人ほど苦労します。彼らは初代がつくった文化や制度、さらに言えば従業員も受け継ぎます。文化や制度がどこかおかしいと感じて新しい文化や制度を入れようにも周囲に配慮せざるを得ません。先代が重用した人たちも数多く残されている状況で、周囲に言いたいことが言えないことへの苦悩は重く、悩みも深いのです。

後継ぎは自分の想いを形にするというよりも、既に存在したものを引き継いでいく難しさと闘っています。

また、社内外からの期待も多く、当たり前のように先代と比較され、いつの間にか勝手な後継ぎ像をつくり上げられています。

なので、後継ぎ経営者は新しいことにチャレンジしたい、新たに人材を採用したいと思っているものの、先代の目や先代からのブレーンにも気を遣うことが多く、なかなか思い切ってできないのです。

こうした後継ぎたちにこそ、副業・兼業人材のニーズがあると考えました。副業・兼業であれば費用は月額３万円～５万円と安く設定できます。周囲を説得しやすく反対もされにくい金額です。

このように、２代目が経営課題を解決する時の手段として「後継ぎ×副業人材」の親和性は非常に高いのです。

そして、決定的に効いたのは「週1副社長」というネーミングでしょう。このネーミングはビズリーチとのやり取りの中で生まれました。

都市部で活躍するビジネス人材にひと言で伝わるキャッチフレーズがあるといいねという話題になりました。私が「『週1副社長』はどう?」と言うと、ビズリーチ側の二人も「それはいいね」ということになったのです。問題は鳥取県がこのキャッチフレーズを理解してくれるのかどうかでした。ただ、そんな懸念は杞憂でした。最初は反対があったものの、ほどなく説得することができました。

ジョブ型のマッチングにとどまらない可能性という意味では「週1副社長」というフレーズはまさに絶妙です。副社長というのは特定のスキルが優先される立場ではないわけですから、むしろ、県内企業に新しい視点を持ち込む意識や、経営者との丁寧な対話を心掛ける姿勢こそ、大事にするべきではないでしょうかと力説したことで、県側のＯＫもいただきました。

実績はいきなり出ました。

私の当時のメモから少し細かく見ていきましょう。

２０１９年の6月に補正予算が成立し、直後の２０１９年7月からスタートしました。そこから3ヶ月間、大急ぎでの準備でした。募集期間は2回に分けました。最初の募集は２０１９年10月16日（水）から２０１９年11月5日（火）まで。2回目の募集期間は２０１９年11月6日（水）から２０１９年11月26日（火）まででした。結果は、14社16の求人に対し、１３６９件もの応募があり、25人のマッチングができました。中には１つの求人に対して応募者が200人を超えるものもありました。

周囲からは「まぐれじゃないの？」という声も聞こえました。しかし、数字は雄弁です。間違いない、ここに鉱脈が埋まっている。確信の中にわずかに残っていた不安が吹き飛びました。金鉱脈をとうとう見つけたのです。

マッチング実績は２０１９年度25人、２０２０年度93人、２０２１年度220人、２０２２年度で265人と、２０１９年度から４年連続での目標達成は、もはやまぐれではないことの証明と言えるでしょう。

しかも、毎年、人材マッチングサービスを変えての取組みです。２０２０年度にはみらいワークス（スキルシフト）、２０２１年度にはパーソルキャリア（ロイノ）のプラットフォームで事業を進めました。それでもなお右肩上がりで数字が上がっています。これは、「副業・兼業×地方への人材誘致」というコンセプトそのものの力があることの証拠だと私は見ています。

もちろん、新型コロナウイルスの感染拡大によって、２０２０年以降にリモートワークが普及したことも追い風になっています。それ以前は副業人材に鳥取県を訪れてもらっていましたが、移動がなくなったことで対象となる人は大幅に増えました。

「移住就職（正社員）で予算が付いているのに、副業・兼業？」と、最初は反対意見もありました。しかし、内閣府としては、それまでの３年間の実績に副業・兼業によるマッチング事例もカウントしていたのですから、実質的に国は認めていたわけです。

それに、県にとって移住就職を推進する目的が「県内企業の経営課題を解決し、攻めの経営への転換を促す」のであれば、副業・兼業は手段が違うだけの話です。

「ゆくゆくは副業・兼業で関わった人が移住することもあるかもしれない。だからまずは一回やってみましょう。絶対いけますから任せてください。最初の接点を持たなければ何も始まりませんから」と説得してきました。

「お金だけじゃない」週1副社長プロジェクトの仕組み

「週1副社長」プロジェクトは企業と副業人材の双方にとって「必要な時に必要なだけかかわる機会」であり、お互いにとってフェアなものと言えます。

県内企業にとっても都市部のビジネスパーソンにとっても、どちらか一方の都合だけでは長続きしません。だからこそ、お互いが好きな時に仕事ができることが肝。それが週1回程度のリモートによるやり取りという頻度や、月単位の契約更新の推奨といった発想にもつながっていきました。

そしてもう一つ重要なのが、「お金だけじゃない」という割り切りです。ほとんどの案件が月額3万円ですが、安すぎるように見えて、そうでないという絶妙な金額設定だと思っています。

３万円は、仮にうまくいかなくても出す側の会社にとっては「まあ仕方ないか」と言える金額でもあります。逆に、本業を持つビジネスパーソンにとっては、気が重くならない金額と言えます。月３万円だと互いのかかわり方もライトなものになります。万が一うまくいかなくても揉めることも考えにくいですし、お互いにとってちょうどいい距離感なのです。

月５万円を超えてくると、不思議なことに少し義務感が出てきます。「やらなくては」という縛りは意外に心理的な負担となるものです。心の負担はパフォーマンスにも影響しますし、どちらにとってもいいという互恵関係のバランスが崩れてきます。心理的な負担が軽い状況だと、思考も広がり、のびのびといいアイデアが出たりするものです。

月10万円が欲しい人は副業というより本業の領域です。実際、２０１９年のプロジェクト開始時点では10～20万円を逆にオファーするプロに近いコンサル的な兼業の方が多く集まり、うまく稼働しなかった経緯がありました。こうしたことから、「週1副社長」プロジェクトでは原則として月３万円、最大限で5万円という縛りを入れることにしていますし、コンサルティングを本業とされているプロのコンサルタントにはエントリーをご遠慮いただくようにしています。

言葉の定義として副業・兼業を整理しましょう。副業のほうは、ある会社の正社員が自分の会社の仕事を本業として持っていることが前提で、本業の合間に本業のジャマにならないようにする外部の仕事です。兼業のほうは、本業の合間にやるというよりは、もう一つの本業とでも言いましょうか。ですから兼業はフリーランスの方や個人事業主の方、中にはコンサルティング業や士業の方々がすることが多くなります。

この「月額3万円」という金額設定に当たっては、行動経済学の本を深く読みました。行動経済学におけるやりがいや社会貢献をベースとした人間の行動パターンでいうと、お金だけで動く人の見分け方のラインは3万円。お金目当てではない人に来てもらいたいと考えていたので、それを参考にしました。実際に「週1副社長」プロジェクトを通じてさまざまな優秀な人とお会いしましたが、優秀な人ほど報酬ではなく、やりがいや社会貢献意識を強く求めている傾向があると感じます。

最近では確定申告が面倒という理由で、地元の名産品など、報酬をお金以外で望む人が増加傾向にあります。

定期的に鳥取の会社から宅配便が届くと、家庭で話題になります。「実は鳥取県の会社と仕事をしている」という会話から、「じゃあ今度の夏休みは鳥取県に行こうか」など、家族旅行のきっかけになるかもしれません。そこから家族同士の交流が始まれば、本当の意味での関係人口の増加につながります。最終的に移住につながるかどうかは分かりませんが、最初から移住を狙うより可能性は上がります。

最近はワーケーションが話題ですけれど、私は地方創生の意味で従来型のワーケーションはうまくいかないと思っています。ワーケーションだけだと「その場所に行く理由」がないですから、リピートはしづらいのです。

一方、鳥取の会社で副業をしたら、そこに行く理由ができます。ワーケーションをしようと思った時も、「せっかくなら鳥取に行こう」と思ってもらえる。副業の仕事と絡めれば、県内企業が交通費を出してくれるかもしれません。そうやって「鳥取県に行く理由」をつくることを意識しています。

ただ、こうした関係人口の取組みは、実は後付けです。

お伝えした通り、プロ拠点事業は県内企業が攻めの経営に転じるための支援をするためにビジネス人材のマッチングを行うのが最初のスタートです。関係人口のことは誰も言っていませんでしたが、マッチングがうまくいったことと、関係人口のムーブメントが追い風になり、今では風向きが変わりつつあります。渦中にいる人間としては「いつの間に？」という感じがします。

要するに、「こうしなければならない」に拘り過ぎることなく、やっていることが周りから評価されれば、自然と流れはできていくということです。「プロフェッショナル人材事業の基本スキーム＝有料職業紹介事業者による移住就職」を意識するのも大事ですが、他拠点の戦略マネージャーを見ていると、そこに縛られすぎてアクションが狭まっている人が多いと感じます。「勝てば官軍」ですから、うまくいっていない場合は定められた枠組みからいったん離れてみることをお勧めしたいですね。

「週1副社長」プロジェクトの今

副業・兼業人材を受け入れた県内企業の多くが、正社員の採用をしなければいけないという呪縛・プレッシャーから解放されました。

「優秀な人材を採用したいけど、それだけのお金を払う余裕がない」という県内企業の課題に対し、「正社員で採用しなくてもいい」という解決策を提示することで、企業は「優秀な人ほど副業・兼業で採用できる」ことを知りました。

例えば、あとで登場する事例（第4章、192〜217ページ参照）に登場する三和段ボール工業は、まさに考え方が変わった企業です。副業・兼業人材の採用を始める前は、1年半もの間、正社員募集を出していましたが、「週1副社長」プロジェクトを知り、「それなら正社員で採用する必要はない」と気持ちを切り替えてくださいました。

今では採用への意識もだいぶ変わったのではと思います。副業・兼業人材を採用することで社内に新たな視点も入るので、既存社員への刺激にもなっているようです。

2020年からは都市部大企業との連携も始まりました。大企業の社員に向けて、鳥取県内企業の副業案件を紹介し、マッチングを進めています。

「週1副社長」プロジェクトを始める前から「大企業の社員には副業・兼業のニーズがある」という思いがずっとあり、内閣府がパートナーシップを組んでいる企業に一通りアプローチをしていました。当時はうまくいきませんでしたが、「たまたまそういう会社に巡り合っていないだけ。いつか巡り合う」と根拠のない自信のようなものがありました。

転機が訪れたのは、ライオンの副業・兼業の解禁です。日経新聞の記事を見て、直接連絡を取り、ライオンとの連携が始まりました。

今では複数の都市部大企業と連携していますが、大企業側の目的は社員のキャリア形成です。

社員を副業人材として企業外に出すことによって他流試合ができますし、そこで得た経験は必ず本業にプラスになります。それは業種や職種に関係なく、ご一緒している大企業の皆さんが口を揃えておっしゃることです。だからこそ大企業側からは、非常に優秀な主力メンバーを副業人材としてご紹介いただいています。

また、同年にはハッカズークというスタートアップ企業との提携も開始しました。ハッカズークの事業テーマは「アルムナイ」というものです。アルムナイとは企業の退職者、同窓生を意味する言葉で、退職で終わらない企業と個人の新しい関係性をつくるべく、企業に対してアルムナイネットワーク（退職者とのネットワーク）の構築を提案しています。

まずは実証実験として、ハッカズークを通じて電通との連携が始まりました。電通のアルムナイに向けて、鳥取県内企業の副業・兼業案件を紹介する試みです。過去電通に在籍していて、かつ退職後も電通との関係性がある時点で、その人にはレピュテーション（信用）があると判断できます。元電通社員ですから、スキルや能力も申し分ありません。

これらの大企業との連携は、県内企業がイメージを持ちやすいこともメリットです。社名だけで何をやっている会社か分かりますからね。それに大企業の社員や元社員が自社で必死で頑張ってくれている事実は、県内企業の社員にとってうれしいものです。

またプロ拠点としても、万が一県内企業と副業人材との間にトラブルが起きた時に、連携先の企業の人事担当者の方に相談できる安心感があります。

今では大企業側から「副業・兼業の取組みをやりたい」「他社の事例を知りたい」など、プロ拠点にご相談をいただく機会も増えています。

第2章

「週1副社長」はなぜ成功したのか？

二度のクビ宣告を「成果」で乗り越える

「週1副社長」プロジェクトがスタートしてから、私を取り巻く環境はガラリと変わりました。その一番大きな理由は数字です。2019年度のプロジェクト開始以降、県が求める目標を大幅にクリアし続けたことで、気がつけば「副業・兼業、最高！」みたいな雰囲気になっていました。やはり成果が上がってくるとプロジェクトに関わっている全員の気分が高揚してくるのが分かります。気持ちのいい空気感が漂い始めたのです。

私が県庁のある担当者から言われた言葉で何よりうれしかったのは、「ずっと県庁で仕事をしてきたけれど、これだけ成果が見える事業を担当したのは初めてです」というものです。

その背景には、行政の事情があります。

一般に、地方自治体に限らず、行政組織は上からの指示を正しく愚直に実行することで評価されます。民間企業でも多かれ少なかれ同じことが言えますが、行政組織はその傾向がより強いものです。

例えば「移住就職の施策をつくりなさい」という指示が出たら、実行する部署では施策づくりの部分、たとえば施策数に目標を置いて邁進しがちです。本来、移住就職の数を増やし、定着率を高くすることが最終目標ですが、人的にも予算的にもリソースが限られますから、施策の善し悪しを十分に議論したり、試行錯誤したりすることよりも、「施策をつくる」という目標に向かって愚直に行動しようとするのです。

部署に所属する人たちは、たとえ個人的な違和感を覚えていても、部署の決定を優先しなければなりません。民間企業も同じですが、行政組織ではよりこの意識が強くなります。また、部署ごとにやるべきことが縦割りで決まっているので、部署間で緊密に協議をしながら柔軟に対処することもなかなか難しいわけです。

一方、これに対して民間の立場で「公」の仕事をしている私のターゲットは最終目標、つまりマッチングの成果を出さなくてはいけませんでした。数字という形で結果を出さなければ必ずクビが待っているわけです。

「公」と「民」の狭間で仕事をする民間人は、あまり生真面目に考えすぎると、「公」の論理と、自分に求められる具体的な成果のギャップ、見えない「壁」にとことん苦しむことになります。実際、私も苦しみました。

こういう壁は努力だけでは乗り越えられないことがあります。やれることをすべてやっても到達できないことも多いのです。ただ、幸いにも、私の場合は、周囲の方のご理解と差し伸べてくださる支援の手、そして数々の幸運、いろいろなものに恵まれてなんとか成果を出せたということです。

大事なことはどこまで腹を括れるかです。乗り越えられるかどうか分からない壁に挑むわけですから、腹を括っておかないとどこかで心が折れてしまいます。口には出しませんでしたが、私は心の中で「文句があるならクビにすればいい。損をするのはそちら側だ」くらいに思っていました。その上で、「立つ鳥跡を濁さず」でクビを切られる最後の瞬間まで全力で取組むと心に誓っていました。厳しい状況の中でそう思い続けることは難しいのですが、毎日自分に言い聞かせることで萎えそうになる気持ちを奮い立たせていました。

そのようにして、腹を括って努力し続けた結果が成果に表れたのだと思います。今では県庁の方々も「松井さんのアイデアや頭脳に我々はお金を払っています」とまで言ってくれるようになりました。成果が環境を変えたのです。

民間で働いていた頃から数字はもちろん常に意識してきたつもりですが、数字が出たことで、これほどドラスティックに評価が変わった経験は初めてでした。そしてずっと心を覆っていた分厚い曇のようなもやもやもすっかり消え、晴れ晴れとした気持ちになったことを思い出します。

「数字は人を癒す」とはまさに今の自分のことだなと思い至ると共に、改めて数字を出すことの大切さを再認識しました。

その後は、どんどん動きやすくなっていきました。

この勢いを次につなげることをどうするか。勢いを生かして大胆に手を打つことと、謙虚な気持ちで課題を見つけコツコツ改善を繰り返すこと、この二つを同時にやるべしと常に自分を戒めています。ある意味、「調子に乗りながら、調子に乗らないこと」、矛盾する二つの行動を、うまくバランスを取りながらやっていこうと考えています。

経営者の尊厳を守る

さて、戦略マネージャーとして就任した２０１５年に話を戻しましょう。

当初、私は、県内企業の経営者に一人でも多く会おうと心に決めました。県立図書館で企業データベースの検索機能を使い、約１万５０００社の県内企業のリストを表計算ソフトでつくり、一社ずつ順番に電話して、アポを取って訪問したりアポなしで突撃訪問したりと、ひたすら経営者と会うことを繰り返しました。最初の３年間で約700社を地道に回りました。

目的はただ一つ。県内企業が抱える課題を明確にして、その課題を解決できるような外部人材の採用につなげることでした。そのためには回った先すべての会社について、抱えている課題を明確にしていく必要があります。

心掛けたのは、経営者の尊厳を絶対に守るということでした。

「どこがうまくいっていないのか」を見つけるために、まずは必ずいいところを見つけるということに腐心したのです。どんな会社にもいいところ、すごいところは必ず一つや二つはあるものです。それを必死に探し、まずはそこから話を始めます。

最初からうまくいっていないポイントを探し出そうとすると、経営者の方も皆さん自覚しながらそのままにしていることがほとんどなので、どうしても傷口に塩を塗るような感じになってしまいます。そんなつもりはなくても、気まずい空気が流れ、話も弾まず、本音を出してもらえる確率が減ります。

こういうと、「形だけじゃないか」「小手先のやり方だ」という批判が出てくると思います。それは分かります。しかし、私は相手のいいところを見つけ出してお伝えすることは、初対面の相手と話をする時の礼儀であり、いい年をした大人の作法と考えています。最初から「あんたはここがダメだ」などと言う輩と付き合いたいと思う人はいないでしょう。それに、私には時間がありませんでした。気持ちの上では鳥取県の企業はすべて回りたい。そのくらいに思っていましたから、話が弾まないと困るのです。どんどん本音を引き出して、抱えている課題を効率よく見つけ出したかった。そういう思いもありました。

ですから、初めてお会いする経営者には必ず、まず、その会社のいいところを見つけて褒めるところから始めました。ただ、歯の浮くようなお世辞は見抜かれます。真摯な気持ちで心の底から真心をもって褒める。その長所を伸ばすともっと良くなるはずだと信じて褒める。そういう姿勢を貫きました。きっと、それが通じたのでしょう。行く先々で話が弾みました。自ずと対話も深まり、多くの方から「いや、いいことばかりじゃなくってね」という話をしてもらえました。

一般に、コンサルタントの中にはいきなりダメ出しをする人が少なからずいます。時には最初にハッキリと指摘したほうがいいケースもあります。嫌な言い方ですが「いきなりかます」のです。私も、コンサルタント時代にはこのテクニックを時に使いました。でも、私は鳥取では、絶対にやるまいと決めていました。誰しも、自分（自社）の欠点を人から指摘されるのは嫌なものです。あえて欠点を指摘してほしいなどと言う人は聞こえはいいですが、少数派です。

鳥取に限らず、地方には特に都会から来たビジネスパーソンを警戒する気持ちが少なからずあります。実際、「松井さんはニュースで見たけど、お会いしたら雰囲気が違いますね」と最初の頃に言われたことがありました。どういう意味か聞いたところ、会う前は大風呂敷を広げる人だろうと身構えていたそうです。都会から来た偉そうな経営コンサルが上から目線で指図するようなイメージです。実際に会ってみると、丁寧で腰が低く、普通のいい人が来たと、拍子抜けしたとのことでした。いいところを見つけて褒めるというアプローチは成果を出す最初の一歩だったのです。

こうして県内企業を回り続けるうちに、経営者の方たちの間に相談相手としての信用が生まれていったと思います。どんどん建設的なやり取りができるようになっていきました。

事業継承の経験

あきんど太郎がプロ拠点事業を委託されたのは前述した通りですが（第1章、44〜49ページ参照）、他にあきんど太郎では県内企業の事業を継承し、2年間経営に携わりました。これは「週1副社長」プロジェクトを推進する上で、大きな意味があったと思います。

副業・兼業をお願いすることのメリットを自ら体験できたのです。

事業継承したのは、従業員数５名のえごま油事業の会社です。県内企業を訪問する中でご縁があったのですが、事業を行う中で「自分自身も副業人材を活用したい」と思っていました。

私が求めていたのは、テニスで言うところの「壁打ち」の相手になってくれる人です。他の県内企業の経営者とお会いして話をしてみると思うことですが、皆さん「こんなことをやったらいいかな」という事業アイデアはかなり持っていらっしゃるのです。

ただ、誰かに相談してその善し悪しを聞いて一段上のものに磨き上げたいと思っても、自分の周囲にいる人間は身近すぎて、場合によっては利害が絡んでしまうこともあるのでなかなか言葉に出して相談することができません。言葉は悪いですが、地方は社会が狭いので、情報が広まりやすく、アイデアも盗まれやすいという問題があります。

また、地域の金融機関は経営の相談などに乗ってくれる候補ですが、経営者はなかなか金融機関に本音を話せませんから、壁打ちの相手には不向きです。「本音で相談したら対応が変わったりするんじゃないか、下手をすると新規借り入れもできないし、借入金を返せと言われるかもしれない」という不安はある意味どの経営者も持っているはずです。誰にも相談できない経営者が本当に求めているものは、経営者の孤独を癒し、何でも相談できる伴走者なのです。

だからこそ、利害関係のない、それも県外の人が相談相手としては適任です。よそ者であり、同じように小さな会社の経営者の目線がある人だからこそ、県内企業が当たり前すぎて気づいていない価値にも気づけます。アイデアも周囲に漏れません。

残念ながら私がプロ拠点事業を使って、副業・兼業人材を採用するわけにはいかなかったのですが、県内企業と副業人材を支援するプロ拠点側と、副業人材に伴走してほしい県内企業側と、同時期に双方の立場が経験できたことがプロジェクトの発展につながっていったと思います。

また、「あきんど太郎」を経営していく上で、県内企業経営者の事業に対する思いもよく分かりました。事業承継の本を読むと、税金対策や資産価値の算出方法など、テクニカルなことが書かれていますが、重要なのは感情のほう、エモーショナルな部分です。

特に年配の経営者や従業員は自社を子どものように思っていますから、事業継承はいわば自分の娘を嫁に出すような感覚です。「この人は娘を幸せにしてくれるのか……」という気持ちを大切に汲み取る必要があり、やり方をドラスティックに変えようとするのではなく、売り手側を立てながら、徐々に変える意識が必要です。この感覚は副業人材にとっても重要だと思っています。

「経営者の伴走支援」という立ち位置への意識

ある都市部大企業の人事部の方から、「鳥取県と他県の副業案件は内容が全く違う。だから鳥取県はうまくいっているのだと思います」とおっしゃっていただいたことがあります。

鳥取県が目指しているのは「副業人材による伴走支援」です。最終的に県内企業が自走できるように、優秀なビジネスパーソンである副業人材が、家庭教師的な立ち位置で経営者の相談に乗りながら彼らの孤独を癒す。そんなイメージを持っています。

自社サイトをどう持つかという例で見てみましょう。今では、どんな会社も自社サイトを持つようになりましたが、小さな会社では頻繁な更新はなかなか難しいのです。

鳥取県の副業・兼業案件が求めているのは、経営者と一緒に自社サイトの戦略を考えられる人です。経営者の良き壁打ち相手となって「ホームページが更新されていない」という表面的な問題の奥にある課題を探り、その解決策を探るのが「副業人材による伴走支援」

です。鳥取県の副業・兼業人材は、こういうサイト戦略を経営者と一緒に考えて、議論をし、経営者が判断をするためのアシストをする相談相手というイメージなのです。

一方、他県の場合は違います。戦略を考え立案するのは、社員や外注業者など。副業人材に頼むことは実際のホームページ更新などの手を動かす作業なのです。いわば、鳥取県以外が行っている副業案件のほとんどはこういったタスク業務です。その裏にあるのは、しかるべき事業者に頼むべきことを副業人材に依頼し、コストを安く済ませようという発想ではないでしょうか。

副業・兼業の応募者が所属している大企業は、もし社員に副業・兼業をさせるなら、その行為を通じて社員の成長につなげたいと考えています。若手の有望株には経営者の視点を学んでほしい。つまり、大企業にとっても望ましいのは経営課題の解決に向け経営者視点で物事を考える経験が積める伴走支援型の案件です。それが冒頭の「鳥取県と他県の副業案件は内容が全く違う」という発言につながっているのだと思います。

だから副業・兼業のマッチングでは、スキルよりも相性を重視しています。フィーリングが合う人とマッチングすることによって、経営者は安心して相談ができるのです。

実際に副業人材を受け入れた県内企業からは「ここまでしてもらっていいのか」という

声が多く寄せられています。その背景にあるのは「こんなにも親身にアドバイスをしてもらえるのか」という気持ちでしょう。副業人材から勇気づけられている経営者はたくさんいます。

そのためにも、書類だけで採用可否を判断しないことが重要です。

正社員採用では書類選考である程度合否を判断しますが、副業・兼業の採用では気になった応募者全員とのオンライン面談を推奨しています。当初は「経歴がすごすぎてうちには合わない」という理由で県内企業が書類選考で落としてしまうこともあったのですが、実際に話してみると書類の印象とは違うことがほとんどです。

そこは正社員と副業・兼業の採用との明確な違いでもあります。中小企業の経営者、特に地方の中小企業の経営者は社員を家族のように捉えている人も多くいます。ですから、その分スキル面でも完璧を求めてしまうところがあります。一方、副業・兼業者はピンポイントの課題をスポット的に解決する存在です。その違いは認識してもらう必要があると考えています。

今では書類だけで判断して落としてしまうケースはゼロです。「悩んだらアクションを起こす前に必ず相談してください」「少しでも気になった人とは面談をしましょう」という声かけは徹底しています。

サブマネージャーの存在

「週1副社長」プロジェクトは、他の道府県でも物理的にはすぐにでもできることです。ただ、実際には鳥取以外ではまずできないだろうと私は思っています。

もちろん、私と同じようにできる人が少ないだろうという自負の部分はあります。しかし、それだけなら、松井太郎に似た経験・能力・資質の人を持ってくれば何とかなるはずです。世に優秀な人は山のようにいますからその部分は問題ではないはずです。

しかし、もう一つ、これはマネできないだろうと思うのが、私が見込んだ二人のサブマネージャーの存在です。真面目で熱意ある若手サブマネージャーを二人採用し、私のノウハウを2年かけて受け継いでもらっているからです。私からすれば、松井太郎と若い松井太郎が二人いるのとあまり変わりません。彼ら二人のサブマネージャーが「週1副社長」プロジェクト成功の立役者と言ってもいいのです。

なぜ若手のサブマネージャーの存在が重要なのか、説明しましょう。

今でこそ鳥取県のプロ拠点事業は副業・兼業のマッチングに力を入れていますが、本来は民間の有料職業紹介事業者を使った移住就職を推進しています。各プロ拠点は企業にアポを取り、人材ニーズがあることさえ把握すれば、極端な話、あとは人材紹介会社に丸投げができてしまいます。経営課題をヒアリングしたり、人物像を定義したり、そういった業務は人材紹介会社がやってくれます。

しかし、副業・兼業の場合はそうはいきません。人材紹介会社を通じた正社員採用の紹介手数料は一人当たり数百万円ですが、副業・兼業は数十万円。人材紹介会社が県内企業に丁寧なヒアリングをしていては、コストが見合わなくなってしまうのです。

つまり、必然的にプロ拠点のメンバーが人材紹介会社の動きをしなければいけないのです。それを鳥取県ではサブマネージャーが熱心にやってくれているからこそ、「週1副社長」プロジェクトがうまくいっているのです。

実は鳥取県でも、2019年度のプロジェクト開始の段階ではビズリーチに一部、サブマネージャー的な動きをお願いしていました。その時はうまくいったものの、問題は契約期間が決まっている点にあります。プロジェクト終了後、県内企業が相談や問い合わせをしたくても、ビズリーチの営業担当は「契約期間が終わったので、それはプロ拠点に聞いてください」と返答するしかなくなってしまうのです。

これでは継続性を持って続けるのは難しいと判断し、新たに若手サブマネージャーを採用し、ビズリーチにお願いしていたことを自前でできるようにしようと取組んできました。今では私に代わって、副業・兼業の募集が始まってからマッチングが決まるまで、そしてその後のフォローも含めて、二人の若手サブマネージャーが県内企業を手厚くサポートしています。

こうした若手サブマネージャーに自分のノウハウや知識を伝え、自分のものにしてもらう研修・教育には工夫を凝らしています。このノウハウはなかなかマネはできないと思っています。さらに彼らはこの「週1副社長」プロジェクトで自走しながら自らの腕を磨きますますスキルアップしているのです。

サブマネージャーの一人は、「経営者の皆さんからプロ拠点事業以外のことを相談してもらえるようになった時に、初めて本当の意味で信頼関係が構築できたと言えるのだと思う」と言っていました。こういう視点は私とほぼ同じです。彼らはそういうスタンスで企業に向き合っているのです。

具体的な動きとしては、求人募集の掲載開始後、求人企業と同じ管理画面で日々の応募状況を見ながら、求人企業と密に連絡を取り合います。1募集あたりの掲載期間は2週間なので、少なくとも掲載1週間以内に1回、掲載終了後に1回は必ず連絡をしています。
例えば1週間で20人集まったら、この時点である程度人選をしつつ、経営者に連絡を取って「面談してもいいなと思う人はいますか？」と人材のイメージをすり合わせます。そこから面談のスケジュールを設定したり、人選のアドバイスをしたりと、マッチングが成立するまで伴走し続けます。時には求人企業に赴いて一緒に作業をしながら社員の話を聞いたり、朝礼に参加したりと、まさに横に並んで走るイメージです。

案件の難易度や求める専門性によっては応募者が集まらないこともありますので、応募状況が悪ければ掲載原稿を差し替えたり、マッチングの進捗が遅ければ企業に声をかけたりと、掲載が始まってからは相当な忙しさです。多い時には1回の求人募集で80件以上の掲載があり、それを二人で手分けするので、担当する案件数はかなりの数になります。

結果、鳥取県内を走り回るサブマネージャーの1ヶ月間の自動車走行距離は2000キロを超えます。日本の本州の縦の直線距離が約1500キロですから、そう考えるとすごい距離です。私としては毎月の事業報告とガソリン代精算の日をワクワクドキドキしながら迎えています。

サブマネージャーの可能性

鳥取県のプロ拠点は、私を入れて四人の組織です。県内企業を回る二人のサブマネージャーとアシスタントは、日々真面目に愚直に仕事に取組んでいます。アシスタントは１日最低100件の電話による新規のアポイント取りを一切の文句も言わず、お昼を食べる時間も惜しんでやってくれていますし、サブマネージャーは多い時で一人あたり１日４〜５社の企業訪問をしています。

結果、鳥取県のプロ拠点の企業訪問数（相談件数）は、全国で5位になりました。副業・兼業と移住就職を含めたマッチング件数は全国10位。副業・兼業だけだと圧倒的ナンバーワンです。日本一人口が少なく、企業数も限られる鳥取でこの実績はすごいことです。

積極的にアポを取り、企業に赴き、経営者と会話する。この姿勢の徹底こそが鳥取のプロ拠点事業成功の鍵だと思っています。そして、サブマネージャーがこれだけの行動力とハートを兼ね備えている要因は、大きく二つあります。

一つは動機の明確化です。２０１９年からプロ拠点事業で若手の採用をはじめ、それ以来「なぜこの仕事をするのか」をサブマネージャーに繰り返し問い、そこを明確に持てるようマネジメントしてきました。

ですからうちのメンバーは「外部人材を受け入れる企業文化の醸成」というプロ拠点事業の目的に心から共感してくれています。単にそらんじるだけではなく、私は彼らが自分の細胞に刻んでいると思っています。

プロ拠点事業の目的がまずあって、その手段として「週1副社長」プロジェクトをやっていること。そして、自分たちの仕事が結果的には県内の雇用を生み、企業の業績をアップさせ、県内企業が喜ぶ。応募者の人たちも腕が磨け、ちょっとした報酬にもなり、結果として企業業績が上がる。県としての活気が生まれ、税収増にもなるといった一連の流れがしっかりイメージできているのです。

「何のためにやっているのか」がないと、仕事をしていて自分自身がしんどくなります。「あれだけ企業訪問をしたのに」「あれだけテレアポをしたのに」と自分の行動に疑問を感じてしまうし、不安にもなる。そういうとき原点に戻ることは、私自身が意識してきたことでもあります。

そうやって目的を意識し、自分の頭で考えながら事業に向き合うサブマネージャーから私が学ぶこともたくさんあります。

新たな気づきは月1回の会議で積極的に共有してもらっているのですが、サブマネージャーの一人は「副業人材の活用は、採用した会社の資産になる」と話していました。ペンキを塗る業務をする人を採用してもコストにしかならないけれど、「どうやってペンキを塗るか」を一緒に考えるメンターを採用し、自分たちで自走できるようになれば、それは資産になる、と言うのです。

副業・兼業の報酬額が月3～5万円ということもあり、県からは「人を安く使おうとする文化が県内企業に根付いたらどうするのか」と質問をされたこともありました。これに対して、一人のサブマネージャーが「最終的な自走を目指すためのメンターとして、副業・兼業人材に関わってもらう」と自分の言葉で回答した時には、感動しました。

誰かから借りてきた言葉ではなく、日々の経験に裏打ちされた自分の言葉で言語化して共有してくれるサブマネージャーの存在は、私にとって実に頼もしいものになっています。

そしてサブマネージャーの行動力とハートを支えるもう一つの要因は、「地域のために貢献したい」という潜在的な熱です。私は鳥取県のために仕事をすると決めた、いわば〝顕在熱〟。「地元の力になりたい」という想いを持った〝潜在熱〟と合わされば、バーベキューの炭火のように火がパッとつきます。

ですから、サブマネージャーの採用をする時に、ターゲットのペルソナは、「地元に戻って地域のために何かやりたい思いがある20～30代の若い人」と定めました。実際に今のサブマネージャーの二人は鳥取県出身で、大学から東京に出てそのまま就職し、鳥取に再び戻ってきた若手人材です。

若手にこだわるのは、やはり柔軟性と発想力があるからです。もちろん中高年でもそういう人はいるので、一概には言えませんが、年長者は経験と知識が豊富な分、「こうあるべき」という固定観念が強い人が多い傾向にあります。

経験と知識も大事ですが、トレンドや最新情報などを貪欲に吸収して、その時々の時代のニーズに合わせて判断することも必要です。ですから、私は若さにこだわってサブマネージャーの採用を考えました。また、やはり私とある程度年齢差があったほうがやりやすいという面ももちろん考慮しました。

若い人はスキルや経験が足りなくても情熱でカバーできます。亡くなった稲盛和夫さんが「人生の方程式」として「人生・仕事の結果＝考え方×熱意×能力」とおっしゃっていましたが、まさにその通りだと思います。そしてとことん動ける体力と気力、これは年がいけばやはり弱くなります。私が実感していることでもあります。

県内企業の皆さんからかわいがっていただけるのも若手人材ならではの強みです。県内の多様な経営者の方々と接しつつ、さらに都市部の大企業や提携先など、県外で活躍する人からも影響を受けられます。地域で成長したい若手にとって、サブマネージャーは非常に良いポジションだと思います。

今では、私がサブマネージャーの日々の活動に口出しすることは全くありません。判断に悩む時や困った時は報告、相談をしてもらって、良いことはどんどん進めてもらい、後で共有してくれたらいい。安心して仕事を任せられるサブマネージャーたちだからこそ、そんなスタンスでいられます。

切り捨てない

県内企業が副業・兼業を募集するタイミングは年4回ありますが、この掲載社数をむやみに増やさないことも重要です。

掲載社数は増やそうと思えば増やせますが、そこは慎重に考えています。なぜならば、掲載のハードルを下げることでトラブルが増え、手間ばかりかかって現場が疲弊してしまうリスクがあるからです。

それでも掲載中に連絡が取れなくなったり、掲載直前に「掲載を見合わせたい」と急遽キャンセルになったりするケースは一定数発生します。掲載までに時間が空いてテンションが下がってしまったり、足元の売り上げが改善されたから必要がなくなったり、社内のコンディションが悪くなってしまったりと、その理由はさまざまです。

でも、そういったハプニングを放置したことは一度もありません。直接企業へ出向き、お会いして状況を確認した上で、最終ジャッジをしています。そして、次の機会にチャレンジできるような関係性でい続けることを大切にしています。相手に対して怒ったり見放したりするのではなく、背景にある事情を理解し、その後も連絡を取り続けています。

これは民間の人材紹介会社との違いだと思います。「週1副社長」プロジェクトは公的な事業なので、公平性を担保するためにも、こちらから線を引くことはしないのが基本スタンスです。

人は都合よく物事を考えますから、プロ拠点事業にネガティブな印象を持った人の意見が広まってしまうこともあります。人の口に戸は立てられない以上、われわれができることは「ここまでやってネガティブに思われてしまうのであれば仕方がない」と思えるところまで最善を尽くすことです。

だからプロ拠点に関わって大変な目にあったり尊大な態度をされたりといったことは、これまでにないはずです。そこは自信があります。

継続する

地方創生の取組みの中には、「都会から地域を盛り上げます」とイベント的に打ち上げ花火を上げるケースがあります。ほとんどは単発で、いつの間にかプロジェクトが消滅しています。それは民間のみならず、行政の事業も含めてです。

しかし、本来は継続性が不可欠です。単発の企画では人とのつながりも毎回途切れてしまいます。副業・兼業募集のオンラインイベント「副業兼業サミット」も２０２３年度で５年目で、２０２２年度の参加者数は700名規模にまでなりました。「まだやってるの？」と言われるくらいがちょうどいいと思っています。副業兼業サミットでも「続けることに意味があります」というのはずっと言い続けていますが、それは私の信念でもあります。

もちろん同じことをただ繰り返すわけではありません。その年にうまくいったこと、うまくいかなかったことを振り返り、うまくいかなかったことは検証し、ブラッシュアップし続けます。

そういったわれわれの反省点を踏まえてつくったのが「副業人材活用ハンドブック」です。「書面で契約を交わす」「1ヶ月ごとの契約更新にする」など、全て我々の反省が元になっています。そしてうまくお手伝いができなかった企業には、反省点をどう改善したのかを説明をする。その結果、もう一度副業・兼業募集にチャレンジしていただいたこともあります。

行政の感覚では「前年度の実績が100人だったから今年度の目標は200人」のように数を追い求めてしまいがちですが、大切なのは質です。

応募者、マッチング、ステークホルダーへの対応など、質と言ってもさまざまですが、数字をボトムアップさせつつ、質を高めるための飽くなき探求は欠かせません。それによって事業がレベルアップし、成功への道筋が見えてくるのだと思います。

今後は事業の持続可能性をより高めるために、フロー型からストック型のモデルに変えていきたいと考えています。現状は人材を募集してマッチングをしていますが、リピートする人が増えてきたとはいえ、基本はそれで終わりです。

そこからどうストック型に転換するか。今考えているのが、県内企業と副業・兼業で関わった人たちを集めたコミュニティづくりです。

ビジネスＳＮＳのようなプラットフォームを用意し、新たな案件のお知らせをしたり、県内企業と交流ができたりといったことができれば、鳥取県にかかわってくれた人と長期的につながりを持つことができます。

もう一つ、県の事業ではありませんが、法人向け次世代リーダー育成プログラム「越境リーダーズキャンプ」という越境学習の取組みも進めています。企業研修の一環として、鳥取県の過疎地で現地の課題を基にフィールドワークを行い、実現可能な提案を発表してもらい、研修後も経過をウォッチしてもらう。そうやって都市部のビジネス人材と地域の交流が継続的に発生する仕組みをつくろうとしています。

一度でもかかわっていただいた県外の皆さんに、細く長く鳥取県とかかわっていただく。それが本当の意味での関係人口増加につながるのだと思っています。

透明性の確保

今では鳥取県だけではなく、他道府県やプロフェッショナル人材事業の全国事務局からも、副業・兼業の取組みについてコンサルティングをお願いしたいというお話をいただいています。そこで整理しなければならないのが、お金周りのことです。透明性が何よりも重要です。

プロ拠点事業がうまくいき始め、鳥取県以外とのやりとりが増える中で、「あきんど太郎とプロ拠点事業を棲み分けたほうが良いのでは」と思うようになりました。

そこで余計な誤解を招かないよう、２０２２年には「一般社団法人とっとりプロフェッショナル人材戦略拠点」を設立。２０２２年４月からプロ拠点事業は一般社団法人で受託するかたちに変えることを自ら提案し、あきんど太郎をプロ拠点事業から切り離しました。一般社団法人の定款では「鳥取県立ハローワークとの協働によるビジネス人材誘致事業の企画及び実施」と明確に謳っています。

それによって透明性を担保し、説明がしやすくなりました。

あきんど太郎で受託していた時もそうですが、預金通帳などお金周りは全て県に開示しています。そこと照らし合わせて、公明正大に説明できる仕組みをきちんと率先してつくることが重要です。「公」の事業である限りは、そういう体制をきちんと整えなくてはいけません。お金周りで揉めたり会計監査の時に問題になることはいっさいあってはいけません。

あきんど太郎という一つの会社で、いくら通帳を分けていたとしても、交差するところは出てくる可能性があります。たとえ重箱の隅を突かれても公明正大に説明ができるようにしてきましたが、その分事務作業に労力がかかっていたのは事実です。だからこそ一般社団法人をつくって切り分けたことは絶対にやってよかったと思っています。

行政は細かいことをチェックするのが仕事です。ですから行政と一緒に仕事をする人は「細かく詮索されている」と感じる人が大半です。例えば「出張するのは勝手だろう、何で私の行動をチェックするんだ」となってしまいがちです。

でもこれは違います。

行政の人はきちんと説明ができるようにハッキリ区別してほしいだけです。もし仮に議会から質問が出た時にキッチリ説明ができなければ、県庁担当者に迷惑をかけてしまいます。

警察の取り調べではあえて同じことを何回も聞くことで発言に齟齬がないかチェックしていますが、行政にもそれと似たところがあります。例えば、忘れたふりをして「松井さん、この仕事はプロ拠点としての仕事でしたっけ？」と何度も聞いてきます。そこで面倒くさがって「この間説明した通りです」などと答えてはいけません。背景を理解し、粛々と毎回きちんと丁寧に答えることが大切です。

うちのメンバーにも「同じことを何度聞かれても、笑顔で丁寧に説明するように」と伝えています。透明性の確保と併せて大事なことです。

「鳥取の婿」となって

戦略マネージャーは、道府県の会計年度職員として雇われているか、あるいは事業を受託している外郭団体に雇われているので、いわばサラリーマンと同じです。独立して動きにくい事情があります。

そのような中で戦略マネージャーの会社でプロ拠点事業を受託するなど、私はかなり自由度高く動けています。それが成り立っているのは、自分では言いにくいことですが、私への信頼があるからだと思っています。

これまでの活動や普段の言動ももちろんですが、２０１８年に私が鳥取県の人と結婚したことが大きいと思っています。それまでの私は、いくらいい仕事をしていても、どれだけ県内企業のことを思っていても、やはり県内の方からすれば「都会から来たよそ者」でした。一時期鳥取にいるだろうけれど、いつか別の所に行く人、そういう意識は確実にあると思います。

それが、鳥取県の人と結婚したことを境に、「鳥取の縁者」となったのです。しかもうちの奥さんは県東部では目立っていた小学校の先生だったので、それによってより近しく感じてもらえたように思います。人生のパートナーになってくれただけでなく、この意味でも彼女に感謝しきれないほど感謝しています。

私は、よそ者の視点を持っていて役には立つけれど、やはりよそ者には違いなかったのですが、今は、鳥取県の「身内」です。ある人の言葉を借りれば「松井さんは要するに、鳥取県の婿になったんですね」ということなのだと思います。

その自覚が芽生えたのは、実はここ1~2年のことになります。自分に対する周りの扱いが変わったのを肌で感じ、ようやく受け入れてもらいつつある気がしています。私の中にあった「よそ者」のペルソナも変わりつつあります。実は、鳥取に骨を埋めることを決め、踏ん切りをつけるために2022年には私が相続していた大阪の実家も売りました。

また、鳥取のえごま油の会社の経営に携わったことも影響しています。鳥取に畑があって工場があって製品の買い手がいて……という、目に見えるリアルな商売をやったことで私に対する地場の信用が高くなったと実感しています。近所の小学校から連絡があって小学生が見学に来てくれたり、収穫時は近くの大学生に来てもらったりもしましたから。

地域に無理に合わせなくていい

都市部から地方に移り住んだ人間が戸惑うのが「人と人の距離感の近さ」です。大阪人としての私は隣近所とのつながりは希薄でしたし、田舎に祖父母がいたわけでもないので、地域の人と密接に関わった経験はありません。そんな私が鳥取県に移住する前に漠然と思っていたのは、「人とのつながりが強いのだろう」ということ。「田舎の濃い人間関係が嫌で都会に出た」という話はよく聞きますが、私は逆に、そういう人間関係が心地良いのではと期待していたところがあります。

実際に鳥取県に来て、それを実感しています。しんどいことが多かった初期の鳥取生活ですが、鳥取県の皆さんにはとても良くしていただきました。

中でも私にとって大きな存在なのが、東口さんという方です。地元住民のキーマンの一人で、「ぜひ面倒を見てあげてください」と、鳥取に来るきっかけになったKさんが紹介してくれました。

ソフトバンクの孫さんは人生でお世話になった「七大恩人」を掲げていますが、Kさんと東口さんは間違いなく「松井太郎七大恩人」の二人です。

東口さんと初めて会ったのは、戦略マネージャーになる前、知事との面接後のこと。ニコニコした優しそうなおじさんで、荷台が丸出しの農作業用の軽トラで県庁まで迎えに来てくれました。

そのまま軽トラで旧隼小学校に連れて行ってもらい、「隼Ｌａｂ．」の構想を熱く語ってくれました。「松井さんはこれから鳥取のために頑張ってくれる人です」と、八頭町長や住民の方にもご紹介いただきました。当時はまだ鳥取で働くことをリアルに想像できていなくて、ただただ圧倒されてしまいましたが、本当に親身になってくれました。

賃貸アパートを契約する際も、県内在住者を連帯保証人にするように言われて困っていたところ、当時まだ2回しか会ったことがなかったのに、東口さんは連帯保証人になってくれました。まさにイメージ通りの田舎の濃い人間関係です。

私自身は濃い人間関係を逆に求めていたところもありましたのでこれは本当に有り難かったのですが、そうでない人、都市部のドライな人間関係やアノニマスな関係に慣れている人たちには、地域に溶け込むために無理はしなくていいとお伝えしたいと思っています。これは、鳥取県に来て8年目の今の実感です。

地域のイベントや会合、集会など、最初は一通り参加しましたが、それ以降は関心があるものにフォーカスするようにしていました。私には嫌だったらすぐ帰りたくなってしまう悪い癖があって、だから行かないことよりも、行ったのに興味を示さないことのほうが失礼になってしまうのです。

何でもかんでも無理して参加したり、地域の人たちに合わせる必要はありません。今はインターネットによって、地方といっても都市部の人間と感覚はさほど変わりません。ですから無理に合わせることはない。それがうまくいくコツという気がしています。

今後のとっとりプロ拠点事業について

さて、ここまで、苦しみながらも「週1副社長」プロジェクトをどうやって成功にまでこぎ着けたのかをお話ししてきました。ここからは、次に何を目指すのかということをお伝えしたいと思います。

ズバリ言うと、プロ拠点のウェブサイトに当たり前のように求人申込が来る世界にしたいのです。今は99％がわれわれが企業側にアプローチしていますが、これが逆転して、こちらが何もしなくてもどんどんプロ拠点のサイトに来るようにしたい。同時に、鳥取県内で副業・兼業に限らず活躍したい人たちもどんどん集まるような仕組みをつくりたいのです。

その理由は、何も私たちが楽をしたいということではありません。日本に、そして鳥取に、人材の流動性というものが必要だと思っているからなのです。

今の日本に元気がない大きな理由の一つが人材の流動性がないことだと思っています。昔に比べればずいぶん改善されましたが、自分が活躍できる場を求めてどんどん人が動けるような日本であり、地方であってほしい。そして企業側もそういう外部人材を受け入れるようになって、活躍の場をどんどん提供してほしい。そうなれば、日本が元気になる。

これを鳥取県という場所で一足早く実現させたいのです。

こういう文化が募集企業と応募者側に培われれば、結果として、今のわれわれのように、募集企業に対しても応募者に対しても手取り足取りのフォローアップをする存在はいらなくなります。最小限の管理は必要ですが、プラットフォームだけつくっておけばいいわけです。

このために都市部の大企業に副業・兼業のメリットを広めていく、そして、「外部の人材を普通に受け入れる企業文化」を鳥取の県内企業に根付かせていくことが必要だと思っています。そして鳥取県の成功事例をロールモデルとして他の地方に広げていきたいのです。

今はまだ企業にとって、外部から転職などで採用した人材はどこかしらよそ者という感覚があります。これは採用企業側、そして採用された側双方にあると思っています。都市部の大企業ではだいぶなくなってきましたが、それでもやはり残っています。

地方の小さな会社となればなおさらです。極端な話、プロパーで採用した人たちはすべて自分の縁者で、外部からの転職組に対してはどうしても「よそ者」のレッテルが貼られることが多いのです。

これをまずは鳥取の企業からなくしていきたい。外部の人材を受け入れ、活躍してもらうことが当たり前のことにしていきたいのです。外部の人材が入ることで企業は活性化します。

鳥取県内の企業にその文化を根付かせることができたら、私の役割は果たせたことになるのかなと思っています。

こういう姿を当たり前にするために、私たちは今活動しています。

chapter 3

第3章

プロジェクトの成功要因を整理する

さて、ここからは、なぜ「週1副社長」プロジェクトがここまでの成果を出せたのか？という成功要因を整理整頓してみたいと思います。

もちろん、、新型コロナ禍によってオンラインでの会議や仕事ができるという環境が整ったことが追い風になりました。また、さまざまな関係者の方の応援や後押しもあっての成功ですので、こうすれば必ず成功するというものではありません。でも、いくつかある成功要因の中で、「あ、ここが効いたな」と思えるところを整理してみると、以下の5項目にまとめられると考えています。

（1）報酬は月3万円〜5万円、安いほうがいいという逆転の発想
（2）採用側が持つ課題を適正な粒の大きさにコントロールすること
（3）採用側と応募側、双方のマインドセットを読み解くこと
（4）行政（県）と緊密に連携し、公的業務を民間のフットワークで進めること
（5）県内企業、応募者、県、自分、互いに感謝・尊重する関係性を大事にすること

報酬は月3万円〜5万円、安いほうがいいという逆転の発想

プロジェクトがうまく回った最大の理由は、逆説的に聞こえるかもしれませんが、「成果

報酬の安さ」だと私は思っています。

一般的には、企業が優秀な人材を獲得しようとしたら報酬は高額なほど有利です。それなのに、「報酬が安い」ことが成功のカギだなどと言ったら、誰もが耳を疑うでしょう。

しかし、「週1副社長」プロジェクトは、報酬を月3万円〜5万円と安く設定したからこそ、県内企業側も応募する側の方々も互いに「ライトな」感覚で取組むことができ、だからうまく回ったと考えています。

プロジェクトを始めた最初の頃は、県内企業側からは最初、「そんな安い金額でいい人が集まるんですか？」「月3万円でちゃんと仕事をしていただけるんですか？」という心配の声が上がりました。でも、実際に蓋を開けてみると、お金を目的としない優秀な人たちがたくさん応募してくれることになりました。

応募してくださった人たちの動機はいろいろあって、もちろん鳥取県の出身者だったという人もいますし、単なる好奇心からエントリーされた方もいます。純粋に困っている地方企業への貢献をしたいという方や、会社が副業・兼業してもよいことになったので他流試合で腕を磨きたいという方もいました。

でも、多くの方に共通していたことが二つあります。一つは、月3万円〜5万円だから

「気軽に無理のない範囲でできる」という感覚。もう一つは、「お金をいただくことが目的じゃなくて、誰かの役に立ちたいんだ」という思いです。プロ拠点側で「副業で儲けたい」という本業の方は入らないように注意していたということもありますが、そもそも、「副業で儲けたい」人は少なかったのです。

実際に、応募者の方に話を聞いてみると、月3万円~5万円の報酬で週末に副業ができるなら本業のジャマにならず、腕を磨きながら誰かの役に立てるという声が数多くありました。喜んでもらえてちょっとした報酬ももらえるならこんなに嬉しいことはないというわけです。できるビジネスパーソンにとっては美味しい話と言えると思います。

これが、逆に報酬が高いとどうなるでしょうか。

例えば、月10万円を超えるような報酬額だとしましょう。こうなると、もう応募者側にとっても「軽いライト」な副業ではなく、本業に近くなってきます。毎月、何らかの成果を出さないといけないというプレッシャーが生まれてしまうわけです。採用する企業側もかなり気負い込みますし、これだけ払っているのだからあれもこれもして欲しい、となってきます。

このような〝重い〟関係性は、応募者と採用企業、互いの動きをがんじがらめに縛りかねず、多くはマッチングの失敗に終わります。私の経営コンサルタントとしての経験から言うと、プロのコンサルタントだと報酬は最低月50万円、下手をすれば100万円かかったりします。副業・兼業とはレベル感が全然違ってきます。

採用側が持つ課題を適正な粒の大きさにコントロールすること

二つめのポイントは、採用する県内企業側の仕事の粒の大きさを、大きくなりすぎないように、プロ拠点側でコントロールしたことです。

県内企業が求めている人材像は、実は正社員ではありません。ちょっとした知恵や助言であり伴走してくれる相手です。

誤解を恐れずに極端な言い方をすると、そもそも、ほとんどの県内企業には、大企業の優秀なビジネスエリートに正社員として来てもらっても、フルタイムでやってもらうほどの仕事はありませんし、それだけの報酬も支払えないのです。

ですから、県内企業側から出てくる課題をプロ拠点側で「切り出す」ことが重要になります。つまり、県内企業がどのような課題を持っているかを精査し、いくつかの小さな課題に切り分けてから、副業・兼業で解決できるものはどの課題であり、どれを優先的に解決したいかを県内企業の経営者の方と相談して決めるのです。

言ってみれば、これはプロ拠点による経営コンサルティングの一部と言っていいと思います。マッチングが成功するかどうかは、この課題の切り出しをどれだけ丁寧にできるか、それ次第と言えます。

この課題案件の「切り出し」は実際のところかなり苦労するところです。経営者の方とお話をしていても最初はご自身がこの課題について明確に分かっていないことが多いのです。何度も対話をしながら、経営者とプロ拠点とで本質に迫っていく努力が必要になってきます。

実はこのプロセスこそが、前職が経営コンサルタントでもあった、私のノウハウとも言える部分です。ですから誰でもすぐにできるということではなく、それなりの資質も必要です。プロ拠点のサブマネージャーには、うまく切り出しができるようにＯＪＴ研修を受けてもらって、私の知識やスキルをきちんと伝えています。

採用側と応募側、双方のマインドセットを読み解くこと

三つめは、県内企業側と、応募者側、双方のマインドセットをプロ拠点側が正しく読み

解き、齟齬がないように調整することです。つまり、互いの期待値のコントロールをするのです。

県内企業側に対しては、どんな課題を解決してもらうかをきちんと話をしていくだけではなく、「月3万円～5万円ですから、正社員を採るわけじゃないですからね」と、時々、念を押すようにお伝えして、肩の力を抜いていただくように配慮することが重要になります。

採用する側は、解決したい課題の粒の大小にかかわらず、やっていくうちに前のめりになっていきがちです。まして、県内で人材を採るのに苦労している方が多いので、都市圏の「できるビジネスパーソン」に来てもらえると考えて、期待を大きく膨らませがちです。書類選考や面接も、いつのまにか新卒の社員を採用するくらいに、力こぶを入れてかかろうとします。こうならないように、時々、お声がけをする。いわば過熱防止用の冷却機能の役割を果たします。

逆に応募する人たちに対しては、あまり「ライト」になりすぎないように、県内企業の実状をきちんとお伝えします。何に困っているのか、課題が解決しないとどのようなことになるのか、そういう県内企業が持っている危機感をきちんとお伝えし、助けていただきたいというニュアンスをお伝えします。

応募者の方は、東京や大阪など都市圏に生活基盤を持っていて、かなりの年収を手にしている方がほとんどですから、その基盤や仕事を捨てて家族も説得して鳥取に来ることを考えている人はいません。ハナから副業・兼業の感覚、つまり「ライトな感覚」で応募されているわけです。ですから、軽くなりすぎず、かといって重くなりすぎないように、両サイドのマインドセットを正しく読み解き、齟齬がないように、きちんと説明をしておくことが重要なのです。

また、齟齬が生じないように、応募者を「副業・兼業」の人に限ることが重要ですので、プロのコンサルタントのような方が応募されてきた時は丁重にお断りしておきます。

行政（県）と緊密に連携し、公的業務を民間のフットワークで進めること

「週1副社長」プロジェクトは県の事業ですから、県との緊密な連携は言わずもがなのことであり、徹底しているポイントでもあります。

これは、私も最初からできていたわけではなく、むしろ、できていなかったから苦労しました（これについては第2章で詳しくお話ししました）。あらためて整理しましょう。大

事なのは、鳥取県のこのプロジェクトで「公」と「民」のカウンターパートがどこかをきちんと決めることです。

鳥取県側、つまり「公」の側のカウンターパートは、「鳥取県立ハローワーク」で、このプロジェクトの「公」側の窓口になります。鳥取県立ハローワークは鳥取県庁に属する組織で、細かく言うと、県内の雇用や企業支援、産業振興などを担当する「商工労働部」の中の「雇用人材局」内の部署となります。

一方の「民」の側のカウンターパートは「プロ拠点」となります。そしてその戦略マネージャーが私であり、実質的には私がカウンターパートとなります。「プロ拠点」はそもそも内閣府と自治体とがつくっている組織なので「公」内の組織なのですが、県が「民間」である「一般社団法人とっとりプロフェッショナル人材戦略拠点」に委託する形、つまり、戦略マネージャーの所属する企業・団体に業務を委託する建て付けになっています。

したがって「鳥取県立ハローワーク」の担当者と、「プロ拠点」戦略マネージャーの私が緊密に連携を取ることになります。この緊密な「連携」がプロジェクト成功のもう一つのカギです。

公と民、二つの組織が一体化するように連携すると、公の事業を民間のスピード感と機動性で動かせるようになってきます。このためには両者の意思疎通が何よりも重要です。

緊密な公民連携のためには、プロ拠点戦略マネージャーの私が行政側のやりたいことを深く正しく理解することが何よりも重要です。特に私のような民間出身者がやる場合には「公」の事業がどういうダイナミズムで動くのかをきちんと理解することが欠かせません。

新しいものへの抵抗が強いのは民間企業も同じですが、行政は特に変わりたいけれど変われないという空気感が強いと感じます。それは自然なことです。そもそも行政の仕事は影響範囲が大きく、年度予算が決まっていますから、簡単に変わってはいけません。

また、新しいことをするためにはきちんと議会で説明をし、承認を得てから動く必要があります。前例や成果がなければ説得は困難ですし、いいアイデアが生まれてもフットワーク軽くやってみるというわけにはいきません。

そういった環境で新しい事業を行うには、行政の考え方や内部事情を深く理解し、行政の人たちの立ち場を考え、事前協議を重ねながら、波風を立てず、丁寧に事業を組み上げていく必要があります。その上で、自分がやりたいことをどう通すかが重要なのです。

何か問題があれば、民間単独の事業なら、制度設計から変えればいいだけの話です。しかし、行政の事情を理解すれば、実際は年度途中でいきなり変えるようなことはできないと分かります。それなら「このままだったらうまくいきませんよね。だったらこうしたらいいんじゃないですか？」と関係各所と事前協議を繰り返して、翌年度以降で少しずつ自分が考える制度に変えていくのです。決して焦ってはいけません。100％変えるのではなく、ちょっとずつ変えていく粘り強さが求められます。

私も最初のうちはこのあたりの感触が分からず、ずいぶん苦労しました。個人的な感覚で言うと、初期は何かある度に県側から責められ、否定されたと受け取っていました。今振り返ると、緊密な連携ができておらず、軋轢が生じるのも無理はなかったのです。

これは失敗しながら気がついたことでもあり、行政機関で幹部経験のある某拠点の戦略マネージャーの方から教えていただいたことでもあります。今では、行政の人たちの立場、特有の用語や言い回しなどが分かります。これが分かれば気持ちも楽になります。

繰り返しになりますが、行政の仕組みを深く理解し、一つの事業を遂行するカウンターパートとして緊密に連携すること、その重要性を心に刻むことが肝心です。

人口最小県・鳥取ならではの仕組み

鳥取県という47都道府県で最も人口が少ない県でなぜ「週1副社長」プロジェクトが成

功できたのか。また別の観点から見てみたいと思います。結論から言うと、鳥取県だから成功できた、ということが言えます。

特に、２０１９年から鳥取県立ハローワークとプロ拠点を一体化したことはとても大きな成功要因だったと言えます。クビ宣告をされた私にとっては、この一体化には当初複雑な思いを持っていました。しかし、次第にとてもいい、やがて、一体化したからよかったと考えるようになったのです。

鳥取県には、国が運営するハローワークと、鳥取県が運営する県立のハローワークの二つがあります。２０１６年の法改正によって県が「地方版ハローワーク」を自由に設置できるようになったタイミングで、鳥取県は県立のハローワークを設置しました。「ハローワークのような機能は県が持つべき機能」という平井知事の信念によって、47都道府県の中で唯一、鳥取だけが国と県、２つのハローワークを持っているのです。

そして平井知事の主導により、「鳥取県立ハローワーク」と「プロ拠点」が一体化されました。

「鳥取県立ハローワーク」は県内企業や県内の求職者からの相談業務が中心です。プロ拠点は企業支援の立場で連携をしています。そもそも「鳥取県立ハローワーク」と「プロ拠点」との親和性は高いのです。

この2つの組織を一体化した平井知事の慧眼というべきでしょう。

ハローワークという名前を知らない人はいないですし、公的機関の安心感もあります。県内企業にアポを取る時に、「こちらは鳥取県立ハローワークのプロ拠点です」と自己紹介すると一発で信用を得られます。私もこのように自己紹介するようになって、劇的に仕事がしやすくなりました。

これができたのは、人口約54万人の鳥取県だからこそということかもしれません。人口が多いほどさまざまなステークホルダーや利権が絡みますから、他の都道府県ではなかなか真似できない組織づくりなのだと思います。弱点だった人口の少なさが強みにもなるのだと感じています。

人口が47都道府県で最も少ないということはデメリットのように言われますが、そんなことはありません。私はむしろメリットのほうが多いと考えています。

まず個人的なことを言えば、小規模な街や県のサイズが自分には合っていますし、動きやすいと感じます。さらに、何をやるにしても売り文句というかキャッチコピーになるのです。これが「全国で29番目」「全国で12番目」などと言うと、多いのか少ないのか分かりません。「47都道府県で最小の人口です」と言えば、すぐにイメージしてもらえます。

しかも人口最小県で過疎化・高齢化が進み、大きな企業もほとんどありません。鳥取県全体の人口は54万人。これは東京都杉並区の人口とほぼ同じです。言うまでもなく、都道府県別のランキングは全国47番目で、日本で最も人口が少ない県なのです。ちなみに高齢化率も高く30％です（「令和4年版高齢社会白書」より　第1章第1節4　地域別に見た高齢化／内閣府）。

しかも、県の人口は減り続けています。当然のことながら子どもも若者も少なく、高齢化は加速しています。過疎どころか、町村レベルでまさに消失の危機にあるところが多々あります。地方消失がまさに現在進行形で起こっている地域、それが鳥取なのです。

鳥取県は、課題先進国と言われる日本の中のダントツの「課題先進県」です。地方が抱えている課題の全てがこの鳥取県にあると言ってもいいでしょう。

日本全体の人口は減少の一途をたどっています。世界で最も高齢化の進んだ国です。ですが、鳥取県で今起きていることは、さらに20〜30年先を行っているのです。鳥取県の現状に向き合うことは、タイムマシンで日本の未来へ行き、人口減少と高齢化の行き着く先を擬似体験することでもあるのです。米テスラのイーロン・マスクが、このままでは日本という国がなくなると言った話がありますが、鳥取に暮らしていると、その危機は今まさにここにあると実感できます。

ですから、鳥取県はなんとか人口を増やそうとさまざまな手を打っています。その努力は日本でも指折り、まさに必死です。移住の促進はもちろんのこと、Uターン、Iターン、Jターンで鳥取の企業や組織への就職を斡旋する施策にもかなり力点を置いています。鳥取にいずれ住んでくださる人たちを増やすための「関係人口の創出策」についても力を入れています。そんな鳥取県と内閣府が協調して実施するビジネス人材誘致事業が、私が戦略マネージャーを務めるプロフェッショナル人材事業なのです。

内閣府のプロフェッショナル人材事業は、全国で展開されていますから、鳥取県の成功事例は他の道府県の参考になるわけです。各道府県にプロ拠点が設置され、各拠点の戦略マネージャーが事業を推進しています。鳥取で、日本の抱える課題解決の実証実験を、全国に先駆けて実行することができます。鳥取県でうまくいったモデルは成功モデルとして他の道府県に適用できるわけです。

「週1副社長」プロジェクトの成功要件を抽出して、他の道府県へ適用すればいい。私はそう考えています。この本をまとめた動機の一つでもあります。

その第一の目的は、民間の人材紹介会社を通じて地域企業とプロフェッショナル人材のマッチングをサポートし、地域企業の「攻めの経営」への転身を後押しして、地方を活性化することです。そして、もっと先の目的は、鳥取だけでなく日本の地方が活性化することで日本全体が元気になることです。老いも若きも地方に魅力を感じ、そこで仕事をし生活を営む。誰もが日本の良さを実感し、元気になる。そして人口減少にも歯止めがかかるといい、とそんな夢を描いています。風呂敷を大きく広げすぎでしょうか。

「あきんど太郎」も地方の零細企業が抱える課題解決の場

そういう意味では、私の立ち上げた「あきんど太郎」は地方の典型的な零細企業としていろいろな課題解決の実証実験の場になると考えています。

「あきんど太郎」は鳥取県のプロフェッショナル人材事業の委託先であったというだけでなく、鳥取県というローカルな場所における地方創生の総合商社として、地域に新たな稼ぐ力をもたらす鳥取の魅力のブランド化（ローカルブランディング）にもチャレンジしています。

例えば県内企業から「この商品を売りたい」という相談があった時、「この商品の何がいいんですか？」と尋ねると、多くの企業は「使ってもらえれば分かります」とか「食べてもらったら分かります」と言うことが多いのです。

でも、使ったことも食べたこともない人にどうやって売るんですか？という問題には誰も答えてくれません。パンフレットもありませんし、売れないのも当然の状況です。

だから「まずはお客さんに伝わる表現でパンフレットをつくりましょう」という話から始まります。都市圏の企業であれば当たり前の発想が地方ではなかなか出てこない。もしくは発想が出てきたとしても課題解決の実務に当たる人材がいないというのが地方の小さな会社の問題です。

こうしたことを、私は、もともとよそ者の視点を持っていますし、同時に今は鳥取県の人間でもありますから複眼で見ることができます。ですから、県内の人だけでは解決できない方法を取り込むことができます。しかも、「週1副社長」プロジェクトを通じて、都市部のビジネスエリートの方とのお付き合いの中で、そんなやり方があるのかという目からウロコが落ちるようなノウハウや知見に触れることが増えてきました。

そういった新しい課題解決の種を「あきんど太郎」という私にとってのビジネスの場であり、同時に実証実験の場である会社で試すことができます。そして、そこで蓄えたノウハウを持って他の道府県の小さな会社の悩みを解決していくことができるのではないか、そんなことを夢想しています。

「あきんど太郎」を通じて鳥取県の若手起業家を100人創出する『あきんど百人計画』なるものを進めています。ある上場会社が「100人の商人を輩出する」という目標を掲げていたのを見て、「このアイデアいいな」と思って使わせてもらいました。

私に賛同してくれる人が集まり、一緒に仕事をし、その人たちがまた独立して自分で事業を立ち上げる。若い人や女性を中心にチャレンジする場としてうまく生かしてもらって、そんな循環を生み出したいのです。

今は地方企業にとって事業継承の問題は深刻です。事業の引き受け手がない企業の受け皿を提供したり、「あきんど太郎」がなったりすることもあっていいですし、経営を立て直し、その過程を通じて人材を輩出することもまたいい。単に販路を拡大してものを売り買いするだけでなく、地域に根ざした人材輩出のプラットフォームになればいいなと思っています。

そして、この発想やノウハウ、人のつながりをまた、「週1副社長」プロジェクトにつなげていけたら、こんなにうれしいことはありません。

chapter 4

第4章

実録
私たちの成功ノウハウ
お教えします

5つの実例に見る、副業案件を成功させるコツとカギ

この章では、実際に私たちプロ拠点がマッチングをすることによって喜んでいただけた5つの事例について詳しく見ていきましょう。

具体的には、

金居商店×斉田雄介さん

鳥取空港ビル×木村健司（仮名）さん、小林卓也（仮名）さん

A&E×本田さくら（仮名）さん、脇康介さん

三和段ボール工業×大野学さん

いなばハウジング×松本崇さん

という5つの事例になります。

それぞれの県内企業はすべて業種・業態が違いますし、抱えている課題もまたバラバラでした。中には課題を解決したばかりで困りごとをハッキリと認識しておられないところもありました。プロ拠点側から「週1副社長という仕組みがありますが、考えてみません

か？」と提案したところもあります。

しかし、どの会社も、「週1副社長」を積極的に迎え入れ、仕事の仕方も考え方もまったく異なる人たちのノウハウや知見を上手に取り入れ、直接の対面もままならない中、手探りでオンラインミーティングから実際の成果につなげていきました。

こうした取組みの詳細を見ていくことで、都市部と地方を結ぶ副業を成功させるコツのようなものが見えてくるはずです。さらに言うならば、オンラインミーティングを中心とした副業の成功ノウハウは、副業・兼業に限らず、一般的な仕事・業務にも適用できるものだと思っています。ここに紹介する5つの事例にはそうした仕事をうまく進めるためのカギやヒントが数多く含まれています。是非ご覧いただけたらと思います。なお、本章の事例については、客観的な視点を入れるためライターの天野夏海さん、倉恒弘美さんにも取材等の協力をいただきました。

【株式会社金居商店の場合】

経営者の孤独に寄り添ってくれる伴走者が欲しかった

明治時代創業の事務機器を扱う老舗商店

鳥取市の中心地にあり、鳥取県庁やさまざまな文化施設にも近い若桜街道商店街。老舗喫茶店や呉服店などが軒を連ねるレトロな街並みの一角に金居商店はある。

同商店の歴史は古く、明治38年（1905年）の創業まで遡る。当時まだ珍しかったカメラや写真材料、万年筆などの高級事務用品も扱う、山陰初のカメラ店として誕生した。大正・昭和期になると写真クラブ「光影写真倶楽部（現「光影クラブ」、活動休止中）」の事務所や、タイピスト養成学校などを併設。1973年に法人化した。長らく鳥取の文化振興や女性の社会進出に貢献してきた会社である。

その後も少しずつ事業の幅を広げている。現在は、企業や学校向けのOA機器・事務機の販売・リースと保守サービスを主力ビジネスとしながら、自然素材にこだわった化粧品や食品の販売、冷凍食品自動販売機の設置・運営といったものに至るまで、広い範囲で事業を展開している。

同商店で、父である代表取締役社長の金居隆司《かないたかし》さんと共に経営の舵取りを担っているのは代表取締役専務の金居洋子《かないようこ》さんだ（２０２３年４月27日付けで洋子さんが代表取締役社長となり、隆司さんが取締役会長となった。本書では４月27日より前の時点の肩書きを採用する）。創業者である初代から数えて金居社長が３代目になるので、その長女である洋子さんは４代目に当たる。大学卒業後、１９９８年に金居商店に入社。営業・販売の仕事に従事する傍ら経営を学び、２０１９年に専務取締役に就任した。プライベートでは、ご主人との間に一人娘を授かり、さらに、洋子さんのご両親と犬１匹とも一緒に暮らしている。

株式会社 金居商店で「週１副社長」プロジェクトに取組む代表取締役専務の金居洋子さん

洋子さんは今の専務に就任して以来、10人の社員を束ね、新規事業にも精力的に挑戦を続けている。金居家は女系の血筋で、洋子さんのご主人も、父である隆司社長も婿養子だ。法人化以降では、女性が後を継ぐのは洋子さんが初めてになる。洋子さんは「私のほうが主人より経営者向きだっただけのこと」と明るく笑うが、女性が会社を継ぎ、経営者になるということに、並々ならぬ決意と葛藤があったことは想像に難くない。経営者としての判断や責任の重さも付きまとう中で、母親業や地域、学校などでの役割もこなさねばならず、周囲の協力は不可欠だ。精神的な安定感も必要になる。その立場が苦しくないわけがなく「さまざまなプレッシャーで押しつぶされそうな時期も長かった」と心の内を明かす。だが、その悩みは父の社長をはじめ、「なかなか周囲に相談できなかった」と振り返る。

「父が社長ですが、身内でもあります。父に仕事の相談をすると、社長と専務という立場ではありますが、そこはやはり父と娘ですからどうしても、お互いに感情的になりがちで……」と洋子さんは苦笑しながら、当時の苦しさをあれこれ語ってくれた。では、社員に相談すればいいかというと、それは立場が違う以上無理な話である。経営者は会社を経営し社員たちを守る立場だ。自分の判断について社員に相談することはある意味その責任の重さを押し付けることにもなり、軽々に相談するわけにはいかないというのが専務としての洋子さんの矜持だった。

求む！　経営者の「家庭教師」

「経営者は孤独」とはよく言われることだが、かといって、いざ経営者と腹を割って相談できるような経営幹部を募集しようと思うと、それ相応の知識や経験を持つ人材が求められる。人と人との相性や待遇面を含めてどうしてもハードルが高くなってしまう。

特に人口最小県であり交通の便もよくない鳥取ではより難しいものになる。こうしたことから、洋子さんも経営幹部の採用は最初からあまり考えていなかった。もどかしさは感じつつも、ひとりで頑張るしかない――。いざとなったら父と膝詰めで話し合うまでのこと。そう腹を括っていたある日のこと、洋子さんの耳に入ってきたのが「週1副社長」プロジェクトだった。「最初に話を聞いた時は、地方の中小企業で都会の人材をどう活用するのか分からず、ピンと来なかったのが正直なところです。会社の内部のことまで深くかかわっていただくのかな、くらいのイメージでした」と洋子さん。

洋子さんは興味を惹かれながらも、自分ごととして積極的にエントリーしようとは考えていなかった。しかし、「週1副社長」プロジェクトの内容をだんだんと知るにつれて、もしかすると自分のニーズにぴったりなのではないかと考えるようになったという。正社員として採用するほど重く考える必要はなく、「気軽に募集できる」と分かり、思いついたのが自身の〝家庭教師役〟というアイデアだった。

「私自身は副業人材の受け入れを『面白そう』と感じましたが、社員の中には戸惑う人もいるはずです。そこで私個人の家庭教師のような存在であれば、社員への影響もそれほどないだろうと半ばお試し気分で募集してみたわけです」と洋子さん。金居商店の「週1副社長」プロジェクトへの取組みは、こうしてスタートすることになった。

驚きの反響。フィーリングで二人を選んだ

募集の前に、プロ拠点から「副業に関心を持つ人は多く、応募者は多い」と聞かされていたものの、鳥取の小さな会社にどれほどの人が興味を持ってくれるのか洋子さんは半信半疑だった。しかし、募集を告知してからわずか2、3日で応募者が10人ほどに達したのである。

洋子さんは予想以上の反響に驚き、うれしさを感じつつも、これ以上の人数は対処できないと早々に募集を切り上げて書類選考に移ることにした。「皆さん経験豊かでかなり迷い

ましたが、最後は直感。応募時の文章から『この人とは気が合うだろうな』と思う方を二人選びました」。この後、すぐに面接を経て、二人と業務委託契約を結ぶことになった。

一人目の副業者には経営の伴走ではなく、軽めのサポートを依頼した。当時、金居商店の公式ホームページを刷新しようとしていた時期でもあり、３ヶ月の期間限定で契約を結んで相談を進めた。制作を依頼している会社とは別に、ＳＥＯ（検索エンジンの最適化）対策や、ホームページの告知広告媒体など、洋子さんのふとした疑問に寄り添う、ある意味、臨時コンサルティング的な役割をお願いしたわけだ。こちらの副業契約については、無事、目標を達成し、今は契約を満了している。

得意領域での無理のない貢献を依頼

そして、洋子さんのかねてよりの悩みだった経営の伴走者を頼んだのが斉田雄介《さいだゆうすけ》さんだった。斉田さんは、コンサルタント会社勤務の経験があり、現在は製薬業界で働く都内在住の男性である。洋子さんにとっては斉田さんの豊富な経験も魅力だったが、それよりも「気が合いそうだと感じたことが決め手だった」と洋子さんは言う。

経営の伴走というからには長く深くコミュニケーションを続けていく相手となる。書類選考でも面接でも、洋子さんは自然と相性にこだわっていた。その直感は的中し、斉田さんは金居専務にとって良き伴走者となり、その契約は2023年の今も続いている。

金居商店における斉田さんの業務は多岐にわたる。中長期計画の作成や売上分析などの経営に直接かかわるものから、新しい商材のヒントや、参考になりそうな新聞記事の紹介など、かなり幅広い内容となっている。「とにかく引き出しが多く、『なんでも相談してください』と親切。そうは言っても無理なことをお願いしても長続きしませんから、最初に『得意分野での貢献をお願いします』とお話ししました」と洋子さんはうれしそうに説明してくれた。

洋子さんと斉田さんは契約の最初に、何事もその都度きちんと話し合うというルールを明確にした。経営の伴走をするには互いの信頼関係がなければ成り立たない。その信頼関係をきちんと築くには忌憚なく話し合うことが重要だという二人の判断である。斉田さんは、何をして何をしないのかを明確に定め、新しく何かをする際には都度、その業務が斉田さんの得意領域かそうでないかまで話し合う。斉田さんも、相談案件についてそれが自分にできるかできないか、できることはでき、できないことはできないとはっきりと伝えている。

中長期計画作成から食レポまで多岐にわたる業務

洋子さんが斉田さんに最初に依頼した業務は、中長期計画の作成だった。これは募集の時にすでに伝えていたものであり、洋子さんが副業人材にいちばん依頼したかったことでもある。5年後、10年後の会社の未来像を具体的に描き、その姿を実現するためにどんな対策をどのように打っていくのかを決めるわけなので、まさに経営戦略の肝心要の部分をつくる仕事になる。斉田さんからも「中長期計画を作成することで、波及して見えてくるものがある」というアドバイスがあった。

金居商店にとって、中長期計画の作成は初めての試みだった。社長にとっても専務の洋子さんにとっても未経験の取組みである。逆にコンサルタント会社での経験がある斉田さんにとっては知見もあり経験もある分野と言える。

中長期計画をつくる過程での洋子さんと斉田さんのやり取りはあたかもテニスのラリーを思わせる対話形式で進んでいった。洋子さんが斉田さんに近未来、今の金居商店をどんな会社にしたいのか、まずは自分の思いの部分を斉田さんに伝え、斉田さんはその思いを受け止め、自らの知見やノウハウ、経験に裏打ちされた形として返していくわけだ。

具体的には、経営環境の分析や目標の立て方など実際の形として提示し、時に一緒に議論を進めながら目標や経営方針を言語化していった。

作業は対話の形を取ることで、だんだんと洋子さんの考えや思いは整理され深まっていった。単なる思いつきやジャストアイデアだったものが、やり取りを経て裏づけのデータが添えられ、二人の議論による考察の深まりなどによってリアリティが増していった。そして、最終的には洋子さんにとってきわめて満足のいく中長期計画が完成した。

洋子さんと斉田さんとの連携は、中長期計画作成の過程でさまざまな副産物も生み出している。

その一つが「会社案内」の作成である。会社案内は潜在顧客の開拓や人材を採用する際に必ず必要になるツールである。しかも、会社の現在だけでなく、未来展望や経営者の意図までも入れて魅力につくらなければ意味がない。当然、中長期計画と整合性が取れている必要がある。洋子さんが斉田さんに依頼するのはごく自然な流れである。「この中計（中長期計画）をもとにして、斉田さんから営業に役立つ会社案内の作成を提案していただきました。会社案内もそうですが、必要性は理解していても、日々の業務に追われて手が回らない業務を斉田さんに肩代わりしていただき、本当に助かっています」と洋子さん。

また、最近では、新規事業について助言やリサーチも依頼している。中小企業にとって、社員が自発的に新規事業を打ち出すことはほぼない。新規事業を創造するのは経営者の役割であり、大事な仕事になる。洋子さんはこの仕事にも信頼する斉田さんの協力を依頼している。まさに専務と「週1副社長」のコラボレーションということになる。具体的には、金居商店では冷凍食品関連事業という金居商店にとっての新しい分野を開拓しつつあるが、その事業についての助言やリサーチを斉田さんに依頼しているのだ。この事業は、照明写真機の設置ノウハウを生かして、有名ラーメン店の冷凍ラーメンを自動販売機で販売するというものである。

「都内ではすでに多くの冷食自販機が設置されており、メーカー選びでは斉田さんがいろいろな会社を調べてくださって、たいへん参考になりました。実際に購入する様子を動画で送ってくださったり、食べた感想を教えてくださったり、鳥取では分からないことを知ることもできてありがたかったのです」と洋子さん。鳥取在住の洋子さんにとって、都内での新しい動きはなかなか情報としては入ってこない。都内在住の斉田さんは経営の伴走者であり、新規事業のリサーチャーとしての役割も果たしている。その後、金居商店の冷食自販機は、1号機は地元民や観光客で賑わう産直市場、2号機は大学近くの学生街に設置され、買い物客や若者に好評を博している。

最近では、斉田さんとの仕事は経営の伴走以外にも及んでいる。冷食自販機の設置という仕事から派生して、斉田さんは金居商店の〝東京在住食レポスタッフ〟にも就任した。販売する冷食ラーメンの実店舗に足を運んで実食し、その感想や画像を金居商店の公式SNSにも掲載して同商店の情報発信にも一役買っている。

オンライン・コミュニケーションは分かりやすく明確に

斉田さんとのコミュニケーションは、もっぱらオンラインで行われている。2週間に1回程度のZoomによるオンライン・ミーティングを基本として、必要に応じSNSやメールを使い、簡単な相談とアドバイス、付随する画像や資料のやり取りも基本はすべてオンライン・コミュニケーションとなっている。

「最初はオンラインのコミュニケーションに戸惑いましたが、斉田さんは他社での副業経験もあり、慣れている方。リードしていただいたおかげで、電子契約も難なく交わせるようになりました」と、コミュニケーションがうまくいっていることがうかがえる。

経営者が自らの経営判断をする上で、オンラインだけのコミュニケーションで良いのかという心配をする人も多いかもしれない。互いに認識が違って、何らかの齟齬が生まれるのではないかというものだ。しかし、洋子さんも斉田さんもオンライン・コミュニケーションでほとんどすべてのことができるのではないかと考えている。

オンラインでのコミュニケーションで認識の齟齬が生まれないようにするために洋子さんと斉田さんが気をつけていることがある。基本は三つだ。①洋子さんは斉田さんに依頼したい業務を分かりやすく明確に伝えること、②斉田さんはそれに対して曖昧な返事をせず、できる・できないをはっきり伝えること、③二人でミーティングの都度、毎回確認作業を行うこと、ということになる。この三つを毎回のミーティングで心がけることを徹底している。これにより、認識の齟齬は回避できるという。

二人は最初の面接の時からすべてオンラインでやり取りをしてきた。実のところ、初めて直接顔を合わせたのは、契約から2年近く経った２０２1年11月のことだった。その間、オンラインだからといって特に問題は起こっていないという。

「ただ、最初はお互いに相手のことが分からず、探り探りでしたから、お願いしたいことを分かりやすく伝えて、その都度確認もしていました。距離が縮まり、信頼関係がある今は、思ったままを話していますけどね」と洋子さんは笑って振り返る。

初対面同志がオンラインで会議をする時に最初から腹蔵なく話ができることはまずない。最初は認識の齟齬が生まれるのが当たり前であり、その前提で互いに分かりやすく明確に言葉を伝えるという意識を持ったことが今の信頼関係につながっている。そして、洋子さんと斉田さんのコラボレーションの根っこには互いへの敬意がある。

経営者に寄り添う伴走者

副業人材を受け入れたことについて、洋子さんは「メリットしかありません。デメリットを感じたことは一つもありません」と言い切る。「正式な社員を採用するのと違って、はるかにリスクが少ないですし、副業人材だからこそ適度な距離感があるのが良いのかもしれません。いつも斉田さんから『こんなこともできますよ』と提案してくださり、私たちでは手が回らないことや、気づかないことを補ってくださいます」

特に洋子さんが大きなメリットとして感じているのは、斉田さんにアイデアや悩みを相談することで、頭の中が整理されることだ。つまりテニスで言うところの〝壁打ち〟の壁の役割を斉田さんが果たしてくれている。

「知識や言葉が豊富で、私が話すことを『こういうことですか?』と整理や軌道修正をしてくださいます。私にとってはまるで伴走者のような存在です。おかげで私自身も考え方が広がって引き出しが増えましたし、人に分かりやすく伝える技術が向上しました」

洋子さんは斉田さんとの連携が自身の成長にも繋がっていると感じている。

斉田さんとのつながりによって、新たな人脈も生まれた。副業経験豊富な斉田さんは地方にも人脈があり、副業先の企業同士を引き合わせたり、鳥取県内の人脈を洋子さんに紹介したりしている。「何か機会があると『一緒にどうですか』と誘ってくださるんです。いろいろな方の話を聞くことができて、刺激になりました」と洋子さん。さらに続ける。「私は仕事もあれば、家庭、子育て、地域での役割もあり、毎日やることが山積みです。斉田さんが私の仕事の一部を補ってくださることで余裕が生まれました。女性の経営者こそ副業人材の伴走支援を依頼してみてはいかがでしょうか」と、自身の経験を踏まえて話す洋子さん。思わず言葉に力が入る。

今では、政府の後押しもあって、副業・兼業への理解が進み、大企業を中心に許可する会社が増え、副業の希望者も増加している。洋子さんが言うように、正社員採用と比べてリスクが低く、今後活用する企業も増えてくることが予想されるが、上手に活用して長くお付き合いするためにも、ミスマッチは避けたいところだ。

洋子さんは、その企業が求めるものに合った人材かどうか、応募書類の精査や面談時の確認の重要性を唱えつつ、副業人材との付き合いを結婚生活にたとえている。「副業人材とのマッチングはお見合いのようなもの。『この人となら良い時間を共有できる』と波長の合う人との出会いが、良好な関係が続くカギになると思います」

どんな仕事をしてもらえるかはもちろん重要だが、経営の伴走をしてもらうには、やはり人と人とのコミュニケーションであり、フィーリングのようなものが重要になる。洋子さんの言葉には「週1副社長」として外部の人を迎える時の大きなヒントが含まれている。

本業だけでは得られない価値が副業にはある

ここからは、「週1副社長」として金居専務の経営の伴走者、金居さんからすると経営の「家庭教師」としてコラボレーションをしている斉田雄介さんの側からはどのように見えているのか、応募者側の視点を紹介していこう。

斉田雄介さんは、東京都に在住する男性で、本業では製薬業界でバックオフィス業務に従事している。前職はコンサルタント会社に勤務し、その経験も生かして副業人材として活躍している。斉田さんは過去に数社で副業を経験し、現在は金居商店と並行して他1社でも副業中だ。過去の受け入れ企業は、東京近郊の会社だけでなく、北陸のスポーツ用具メーカーなど地方企業も多く、数ヶ月間のタスク型契約から、長期にわたるものまでさまざまな形態で取組んでいる。本業は持っているが、ある意味〝副業のプロフェッショナル〟である。

リモートワークが一般的になり、都市圏と地方の実質的な距離が縮まったことで、鳥取県

金居専務の経営の「伴走者」、斉田雄介さん

内の企業で副業人材の獲得に興味を持つところが増えている。斉田さんが応募した２０２１年度の第１次募集だけでも、46社が副業人材を募集していることからもそれが分かる。さまざまな業種、業務内容の募集がある中で、斉田さんは、なぜ金居商店に興味を持ったのだろうか。

　斉田さんが鳥取県とかかわりを持つようになったきっかけは、プロ拠点が主催する副業体験スタディツアーに参加したことだった。このツアーを通じて鳥取県が副業人材の獲得に注力していると知り、興味を持った。「鳥取県とのかかわりが生まれて副業先探しを始め、募集企業の中に金居商店さんがあった」と斉田さんは振り返る。

　さらに金居商店の「募集事項に中長期計画の作成とあり、得意分野とマッチしたこと」が斉田さんを後押しした。加えて、「創業110年以上の歴史があり、地域とも深いかかわりをもつ会社なので、会社と地域の両方に貢献ができればという考えでした」と語る。一つの会社に貢献するだけでなく、それを通して地域にも貢献できるという考えである。せっかくかかわりを持つのであれば、受け入れ先の企業だけを応援するのではなく、その地域にも何らかの形で貢献したい——。という思いもあって、斉田さんは地元に根差した老舗企業、金居商店に応募したというわけだ。

斉田さんの「地域に貢献したい」という気持ちは間違いなく多くの応募者に共通する思いとなっている。一つの会社を支援し報酬をもらうという個と個の関係だけでなく、もっと広く社会に貢献したい思いと言えばいいだろうか。

経営者と対話し、お互いに学びを得る

斉田さんの金居商店での副業期間は２０２３年でまる2年となる。最初、想定されていた中長期計画の作成や経営の分析だけでなく、その他さまざまに派生した業務にも及んでいる。この中には新規事業に関連するものもあり、一つの会社の中長期計画の計画だけでなく、その実践にも携わる形となっている。副業でのかかわりから始まって、今では金居商店の経営戦略に深くコミットする形だ。

経営者である金居専務からは、副業人材に対して特定の業務を任せるというよりも、経

営の伴走者や家庭教師のような役割を求められている。斉田さんとしては、この求めに応えるため、金居さんが経営に専念できるように相談内容を整理したり課題解決の提案をしたりすることを主な役目と考えている。

斉田さんはこう語る。「金居さんをはじめ、経営者の方は頭の中にたくさんのアイデアをお持ちですが、うまく言葉にできなかったり、優先順位がまとまらなかったりすることも。対話の中で『こういうことですか』と言い換えたり、『こちらのほうが良いですよ』と提案したりすることで、考えが整理されるようです」。斉田さんは、金居さんがテニスの壁打ちをする時の壁役を自認している。主体はあくまでも金居さんであり、金居さんの考えや判断がまとまるようにできる限りのアシストをするというスタンスだ。経営者が何に困っているか理解し、自分との対話で一歩進めるように対等な目線で向き合っている。

では壁打ち役の斉田さんにはどのようなメリットがあるだろうか。一見すると、斉田さんにとってのメリットは分かりにくい。しかし、大きな企業では、一社員が経営者と面と向かって話をする機会はめったにない。斉田さんの勤める会社でもそうだ。このため、他の会社であるとはいえ、その経営者である洋子さんと直接対話できることは「貴重な経験」だと斉田さんは考えている。

「経営者の考え方や目線を勉強できますし、本業でかかわりのなかった他部署の業務を知ることもあります。物事を多面的に見ることができるようになり、本業にも活かされていると実感しますね」

本業と副業、それぞれで得た知識や経験が良い影響を与え合い、斉田さん自身の成長やスキルアップに結び付いているのだ。また、対話することによって自分の考えを整理し、答えを導き出す助けになってくれる伴走者に、価値を感じる経営者は少なくない。「こういうことも役に立てるのか、と当たり前に思っていたことが評価され、やりがいは大きいですね」と、斉田さん。副業は自身の再発見・再評価にもつながっている。

完全リモートに不安は感じない

新型コロナ禍における副産物がＺｏｏｍやＭｉｃｒｏｓｏｆｔ Ｔｅａｍｓといったオンラインツールを使ってのリモート業務だ。金居商店における斉田さんの仕事も当然のことながら、リモート業務で行われている。しかも、「完全フルリモート」であり、副業で仕事を始めてからまるまる2年間、直接金居さんと斉田さんは顔を合わせずにコラボレーションをしてきた。

他の地方企業での副業経験を持つ斉田さんは、もちろんリモートでの副業の経験も知識も持っていたが、完全リモートの形態は初めてだった。「あまり抵抗は感じませんでした」と初めての試みながら、オンラインでのコミュニケーションに大きな不安はなかったという。

「完全リモートに不安はない」とはいっても、関係性を築くために守るべきルールは存在する。「地域性や文化、価値観が異なりますから、たとえ考え方が違っても尊重するように心がけています。金居商店さんの場合は、金居さん個人としかお付き合いはないのですが、社員さんとの関係性や、お客様の地域性を考慮することは大切です」と、相手の文化や価値観に理解を示すことを意識している。

金居さんと2年間、良好な関係が続いているのは、自分のやり方を押し付けるのではなく、相手に寄り添った提案をする斉田さんの方法が大いに関係していそうだ。「直接会ったほうが良いケースもありますが、最初の2年間はオンラインでも問題はありませんでした。それは金居さんの人柄のおかげもあったと思います」と斉田さん。これからは「鳥取は気軽に行ける距離ではありませんが、お互いに近くに行くことがあれば声をかけて、直接会う機会を設けようと思っています」と、対面の大切さも理解した上で、コミュニケーションを深め今後の伴走支援の質を上げようと考えている。

企業選びでは自分の中の優先順位を定める

副業をする側が副業を始めるにあたり「何に重きを置くか」ということは、重要なテーマになってくる。それは、一般的な求職活動でも同じことが言えるが、ここでは斉田さんを例に大事なポイントを見ていこう。

一つ目は、自分がかかわろうとしている企業に「興味があるか、好きかどうか」というエモーショナルな判断基準である。

斉田さんの場合、自身の経験を生かせる業務内容か、ということ以外に、自分が好きなことや興味があることも、判断基準の一つにしている。

「たとえば北陸の企業は、子どもの頃から野球が好きなことが応募の理由の一つでしたし、金居商店で食レポをしているのも食べることが好きだから。業務自体は経営戦略の作成などでも、自分が好きな業界にかかわれるだけで楽しくなります」と語る斉田さんはいかにもうれしそうだ。初めて副業にチャレンジする人は、何から手を付けていいのか、どんな会社が自分に合っているのか分からない人も多いはず。数ある募集企業の中から、「好きなこと」や「関心があること」を選定の要素に加えれば副業スタートの足がかりになる。

二つ目の判断基準は、報酬金額よりも、自分がこの会社の役に立てるかどうか、それで喜びを感じられるかどうかである。つまり、利他的な動機を大事にできるかどうかということになる。これも経済合理性を超えたエモーショナルな感覚の判断だ。

斉田さんは自分の経験や得意分野を活かしたい、地域に貢献したい、好きなことにかかわりたい、という思いが強く、報酬を主目的にはしていない。「3万円という報酬について、高いか安いか、感じ方は人それぞれだと思いますが、私自身は妥当な金額だと思っています。それ以上に、金居さんと良いお付き合いができていることや、得られるものの大きさに価値を感じています」と、プラスアルファの部分に副業の魅力を感じている。

前述した、経営者との対話による自身の再評価やスキルアップもその一つであり、新しい出会いもその中に含まれる。「例えば地方とかかわりを持つだけでも、人とのつながりが生まれ、今まで知らなかった文化や日本の良さに気づくことができます。また接点のなかった業界を知れるのも楽しいですね」と、本業だけでは知ることのなかった世界に触れ、面白さを感じているという。

副業は自らの可能性を広げる

しかし、本業に影響を与えないことが副業の大前提ではあっても、本業やプライベートを圧迫しないか、疑問視する人も多いのではないだろうか。

斉田さんの場合、本業のリモートワークが増えた分、通勤時間を副業の時間に充てているほか、勤務時間後に副業業務用の１時間をつくるなどの工夫をしている。たしかに本業以外のやるべきことは増えてはいるが、斉田さんはこれをポジティブに捉えている。「見方を変えると、時間の使い方を学べるということ。メリハリのある時間の使い方ができるようになりました」と斉田さん。

今後について、斉田さんは「どうなるかは未定」と語りつつも、金居商店を含め、副業を続けていきたいと考えている。「定年後のキャリアを考えると、本業だけでは得られない経験やスキルを持っていたほうが、必ずプラスになるはず。また副業を通じた地方創生にも関心があるので、何か力になれれば嬉しいです」と笑顔で語ってくれた。

【鳥取空港ビル株式会社の場合】

初心者チームを自走集団へ導く外部コーチとして活躍

イベントで小さな地方空港ににぎわいを!

初心者集団をプロレベルに引き上げてくれるコーチとして外部から「週1副社長」を招いているのが「鳥取空港ビル株式会社」(以下、鳥取空港ビル)だ。

鳥取空港ビルは、鳥取空港が2018年7月に「公共施設等運営権(コンセッション)方式の民営化によって生まれ変わった際に設立された会社であり、鳥取空港の維持・運営を一手に引き受けている。コンセッション方式というのは、簡単に言うと「自治体などが所有する公共施設を民間事業者が維持・運営する方式のこと」である。鳥取空港の場合は、滑走路や旅客ターミナルビルといった空港施設を鳥取県が保有し、その維持や運営を民間事業者である鳥取空港ビルが請け負う形になっている。

人口最小県の鳥取県には実は空港が2つあることはあまり知られていない。2つというのは県東部の鳥取市にある「鳥取砂丘コナン空港」こと鳥取空港と、県西部の境港市にある米子空港。後者は境港のシンボルである「ゲゲゲの鬼太郎」と隣の米子市の名前が冠され「米子鬼太郎空港」と名付けられている。県の名を冠した鳥取空港が多くの鳥取県民にとっての「空の玄関口」になる。

日本海に面する鳥取空港は、鳥取砂丘や鳥取市街地から車でわずか10～15分の距離にあって、県内の観光地へのアクセスにも恵まれている。就航便は、国内線が鳥取―羽田便、国際線はチャーター便のみという小さな地方空港にすぎない。しかし、２０１８年、民営化と同時に鳥取県の玄関口に相応しい空港へ変身させることを狙って大規模なリニューアルが行われた。国際線と国内線のターミナルが一本化されたほか、レストランやショップなどのテナントスペースは４倍になった。リニューアルを機にもっと人を呼び込める「空の駅」にしようとした狙いが見て取れる。

鳥取空港を「空の駅」として維持・発展させていくためには、収益源としてのテナントへの集客を増やしていくことは欠かせない必要条件と言える。そして、このためには、空港の利用客だけでなく、空港にショッピングや食事のために訪れる県民も増やしたい。つまり、空港自体の魅力をもっともっと高めなければいけないというミッションを鳥取空港

鳥取空港ビル株式会社総務部総務課の大川智弘さんが同社の「週１副社長」プロジェクト担当

ビルは背負っているわけだ。

実際、鳥取県側としては鳥取空港ビルに「民間ならではの自由な発想によって、にぎわいの創出をしてほしい」という期待を持っている。こうした背景や県側の期待を担って、鳥取空港ビルでは、この空港を単に「飛行機を乗り降りする場」としてだけでなく、空港そのものを魅力ある場所にすることを目指して、さまざまなイベントの企画・開催や誘致に乗り出している。

例えば、グルメやスイーツ、季節のイベントや、地元の学校や団体の発表会など、民営化以来、さまざまな催しを開いて「にぎわい」を創出してきた。ここ数年、新型コロナ禍による制約はあったが、空港の利用客だけでなく、地元の人たちも大勢イベントに参加するようになり、一歩一歩成果を挙げてきた。当然、鳥取空港ビルではこの成果をもっと伸ばしたい。そこで目を付けたのが「週1副社長」プロジェクトだったというわけだ。

イベントの企画・運営チームは初心者集団!?

空港での各種イベント開催の企画や運営を担っているのは、鳥取空港ビルの総務部総務課の係長である大川智裕《おおかわともひろ》さんと、女性社員４名の社内チームだ。現在は、２名の副業人材が、アドバイザーとしてチームをバックアップしている。

鳥取空港のイベント事業が始まった当初は、まだ副業人材との契約はスタートしておらず、社内チームだけでイベントを手掛けていた。「チームのメンバーは全員、イベントの企画・運営のノウハウや実績がなく、手探りでのスタートでした」と大川さんは当時を振り返る。

また、メンバー全員が、他にメインの業務を抱えており、イベント専従での仕事というわけではなかった。イベントの企画・運営という慣れない仕事に当たる中で、主業務との兼務に苦労しながらも、年間を通じてさまざまな催しに挑んできた。イベントの素人集団ではあったが、持ち前の根性と努力、粘り強さで目の前にある課題を一つひとつクリアし、メンバー全員がやり甲斐と手応えを感じながら仕事にいそしんできたのである。

こうした背景もあって、大川さんにはイベント自体はそれなりに成功していたという思いと自負があった。「分からないなりにチームで協力し、集客もできていました」。「空港」という非日常の場所でのイベントは話題を呼び、「イベントをさせてほしい」という外部からの問い合わせも多く、社内からも成果が出ていると評価されていた。

テナントの売り上げは横ばい。課題解決のために副業人材を採用

「ところが…」と大川さん。続けて「イベントが盛況にもかかわらず、ショップやレストランの売り上げには結び付いていなかったのです」と状況が暗転した時のことを振り返る。テナントの売り上げデータを調査した結果、空港への来場客がテナントを素通りして帰っていることが判明したのである。

成果が出ているとばかり思っていた大川さんやチームメンバーにとっても、そして会社にとっても、イベントによる集客が実は、テナントの売り上げに結び付いていなかったというデータは衝撃だった。

ここから大川さんは新たな課題に思い悩むことになる。「収益として効果が出ていない」「どうすればテナントにも足を運んでもらえるか」……。悶々とする日々が続いた。あれこれと思案を巡らせていた時に思いも寄らぬところから声がかかった。もともと知己のあっ

たプロ拠点の担当者から「『週1副社長』プロジェクトを活用してみませんか」という提案があったのである。

プロ拠点からの提案は「百貨店は催事やイベントが多く、専門家の知見やノウハウが役立つのでは」というものだった。月額3万円からという金額で、イベントや催事に長けたプロからのアドバイスやヒントがもらえるのであれば試しにやってみるのもいいだろうと、大川さんは上司にも許可を取り付け、この話にのることにした。

さっそく大川さんはプロ拠点から木村健司《きむらけんじ》さん（仮名）と小林卓也《こばやしたくや》さん（仮名）を紹介してもらい、2022年2月から副業契約がスタートすることになった。二人はプロ拠点が主催する「副業体験スタディツアー」に参加したこともあり、契約までとんとん拍子で進んだ。

副業人材の木村さんと小林さんは、二人とも東京都内に在住し、同じ大手百貨店で部長職を務める男性。本業では、木村さんはギフト部門の担当で、販売や人事の経験があり、小林さんはバイヤー畑を長く歩んできた。二人はそれぞれの経験を生かして、チームのアイデアを整理したり、アドバイスや提案をしたりしている。

こうして副業人材の二人と契約も取り交わし、話を進めていた一方で、実のところ、大川さんの期待はさほど大きなものではなく、不安も拭い去れなかったという。

「副業と聞き、それを分かった上で契約をしたわけですが、副業という言葉の語感にどうしても中途半端な印象を持ってしまい、木村さんと小林さんには大変失礼な話なのですが、適当にあしらわれないか、本当に力になってくれるのかと心配でした」。月額3万円という安い金額でもあり、そもそもそれほど期待できないだろうという思い、ダメならダメで早いタイミングで契約を終了すればいいというプロ拠点からのアドバイスもあって、ある意味、お試しでの「週1副社長」プロジェクトがスタートしたのだ。

副業人材との仕事がスタート！メンバーによって反応に温度差も

しかし、実際にチームとのコラボレーションが始まってみると、大川さんの不安はすぐに払拭された。打ち合わせのたびに、さまざまなアイデアを打ち出し、リモートにもかかわらず画面から二人の熱意が伝わってきた。加えて、大企業の部長とは思えない物腰の柔らかさに、警戒心もほぐれていったのである。

結局、大川さんの心配は杞憂に終わった。「お二人とも、地域や社会に貢献したいという思いが強く、親身になって提案やアドバイスをしてくださり、感激しましたし、私たちがあまり考えていなかったような視点からのご提案やアドバイスを数多くいただき、視野が広がりました」

一方で、チームのメンバー全員が最初から、外部からアドバイスを受けることに前向きだったわけではない。これまで素人集団が何も分からないところからスタートして懸命に努力をしてきたわけである。しかも、人流の面で成果は挙がっていたという自負もあったし、自分たちがゼロから手づくり感覚で積み上げてきたイベントの企画・運営に対する愛着もあれば誇りもある。外から来て、少し見ただけの人にあれこれ言われたくないという気持ちを持つことは至極当然の成り行きだった。

「アドバイスに対して、『言われたからとりあえずやる』というような乗り気でない人もいました」。大川さんのようにアドバイスに刺激を受ける人もいれば、どこか他人ごとの人もいて、メンバーの熱量に温度差が生じていた。

大川さん以外は、定期ミーティングへの参加は絶対ではなかったということもあって、コミュニケーションの頻度が少なく、木村さんと小林さんに対するシンパシーを抱きにくい状況にあったことも一因だったかもしれない。

大手百貨店のノウハウを肌で感じ、関係性も変化

しかし、頻度が問題なら、それは時と機会がいずれ解決してくれる。チームと副業人材の二人との関係は、一緒に仕事を進めていく中で少しずつ好転していった。「お二人とも大企業の部長さんですが、とてもフランクに接してくださいます」と大川さんは語る。木村さんと小林さん、二人の気さくな人柄が、チームメンバーとの距離を自ずと埋めていくことになった。

しかも、木村さんと小林さんの経験に裏打ちされた的確なアドバイスは、チームに小さな成功体験をいくつも積み上げていく。チームの企画が上層部になかなか通らず、全員で途方に暮れていた時のこと。オンラインミーティングで木村さんと小林さんから社内での交渉方法を事細かにレクチャーしてもらうことができたのだ。二人は、普段、自分の会社で企画を上げられ、判断したり採択したりする立場にいる。企画提案を受ける側から、却下されるプレゼンと、OKを出せるプレゼンの違い、企画提案に至るまでの下ごしらえや根回し、段取りといったことを事細かにアドバイスしてくれた。二人の助言に沿って提案をし直したところ、それまで通らなかった企画が見事に通ったのだ。

こうした小さな成功体験を積み重ねていったことで、チームメンバーと二人の間の信頼関係はどんどん強いものになっていった。

また２０２２年10月には、木村さんと小林さんが共に企画したイベントのために現地入りし、メンバーと初対面を果たすことになる。大川さんを含めたチームメンバー全員が二人と直接顔を合わせるのはこれが初めてのことだった。これを契機に「二人への親近感が一気に増し、感化されるものがあったようです」と大川さんは振り返る。以来、最初は副業人材と一緒にイベント事業に取組むことに対してどこか受け身だったメンバーも、主体的に考え、行動するようになった。

「最初のうちはチームメンバーのネガティブな反応に、お二人もイライラすることがあったと思うのですが、顔や態度には一切出されませんでした。とことん根気強くチームに寄り添ってアドバイスをしてくれました」と大川さんは二人の姿勢に感謝している。

定期的なオンラインミーティングと、タイミングを見計らっての対面が必要

チームでこうした副業人材との連携を上手に推進するための要件はどうやら二つありそうだ。一つは、オンラインミーティングをきちんと定期的に開催すること、もう一つは、

どこかのタイミングでリアルな対面ミーティングを実現することである。

「みんなのモチベーションを切らさずに持続・維持していくためにも、定期的なオンラインミーティングが重要です。私たちのケースでは2週間に1回ですから、ちょうどモチベーションが下り坂になってきた頃にお尻を叩いてもらっている感じです」と大川さんは笑う。

モチベーションをキープし、さらにレベルアップをしていくためにも小まめなコミュニケーションが重要だ。東京と鳥取は気軽に会いに行ける距離ではない。オンラインでのミーティングが基本である以上、「定期的であること」が極めて重要になるのだ。日程が決まっていれば、何かの課題に対して自分なりの解決策を用意できるし、いろいろな調査もできるし、分析もできる。これは、副業人材にとっても言えることで、互いにモチベーションを切らさず、いい意味での緊張感を持ってプロジェクトに取組める。

大川さんは、どこかのタイミングでリアルに顔を合わせることの重要性も指摘する。チームで取組むということは複数のメンバーが絡むことを意味する。ここで、どうしてもメンバー間に温度差が出てきてしまう。チームでのプロジェクトにおいてメンバー間の距離感をどれだけ詰められるか、メンバーの間にシンパシーがどれだけ生まれるかといったことが成否に大きく影響する。スポーツの世界では「チームケミストリー」などと表現されるが、こうしたケミストリーを生むためにはリアルな対面は欠かせないというわけだ。

定期的なオンラインミーティングとある時期での対面、ハイブリッドなコミュニケーションが、モチベーションを維持し、お互いの心理的な距離を縮めケミストリーを生み出すために有効に機能している。今後、地方と都市部を結んで行われる副業では、こうしたフルリモートを基本にしながら、対面を織り交ぜたハイブリッドコミュニケーションが成功の必要条件として定番になっていくかもしれない。

現在、鳥取空港ビルでは、二人の副業人材、木村さんと小林さんと2週間に1回、Ｚｏｏｍによるオンラインミーティングを行っているほか、随時メールやＬＩＮＥで質問や相談をやり取りしている。

イベントの目的を明確化し、体操教室をスタート

木村さんと小林さんは、数あるアドバイスの中でも「何のためにイベントを開催するのか」とテーマを明確にすることを強調している。それまで、手探り状態でイベントを開催してきた大川さんたちにとっては「イベントを実現すること」自体が目的になっていたが、木村さんと小林さんは、その先を見据えることをアドバイスしたのである。

鳥取空港で毎週木曜日に開催されている「しゃんしゃん体操」。毎回多くの参加者が集まる

そこでチームのメンバーは、課題であった「テナントの売り上げにつなげること」を目標にして、具体的なイベント内容やクリアすべき問題などを考えていった。その中で「連続性のあるイベントを企画し、テナントを紐づけられないか」とチームの中でアイデアが浮かび、スタートしたのが「しゃんしゃん体操教室」である。

「しゃんしゃん体操」は、鳥取市の夏祭り「しゃんしゃん傘踊り」の音楽と動きを取り入れた、介護予防のための鳥取市オリジナルの体操だ。

大川さんたちは、ターミナルビルの中のホールを会場にして、毎週木曜日にしゃんしゃん体操教室を開催している。参加者にはポイントカードならぬ「健康マイルカード」を発行。1回の参加で1ポイントが付与され、ポイントが溜まると、空港内のテナントでサービスを受けられる仕組みとした。「健康になれて、お得もある」と参加者からも好評で、毎回20人ほどが継続して参加している。「空港で体操教室という珍しさもあり、地元新聞にも取り上げられました。今後、成果として現れてくれれば、チームの自信にもつながります」と大川さんの言葉に熱がこもる。

チームの自走に向けて、力を付けたい

大川さんは「目標を定めたことで、チームみんなの視点が変わりました」と、自身も含めたメンバーの意識の変化を実感しているという。副業人材の導入によりチームが得たものは大きく、木村さんと小林さんから学んだことは、今後、イベント業務以外にも必ず生かされるはずだ。大川さんは「大変なことは、ミーティングの時間調整くらい」とデメリットは感じていない。

チームメンバー全員が、イベントの企画・運営に関して初心者という状況の中、大企業での実績がある二人はなんとも心強い存在となっている。「二人から『面白い』『大丈夫』とお墨付きをもらえれば自信が付きますし、企画を通す際に、その言葉が上層部に納得してもらう後押しにもなります」と、〝実績があること〟の重みを感じているという。

しかし、いつまでも木村さんと小林さんに頼るわけにはいかない。二人にとってはあくまでも副業であり、二人が会社に入ってくれるわけではない。そのノウハウをなんとか自

分たちの血肉にしていきたいというのが大川さんとチームの考えだ。「今はお二人に伴走してもらっている状態ですが、最終目標は自走できるようになること」とゴールを定めて経験値を重ねている状況だ。

既にチームのメンバーは自らが考え主体的に行動するようになってきている。このことは、自走に向けた大きなレベルアップである。「お二人の質の高いアドバイスに対して、応えられるだけの力を付けていきたいです」と大川さんたちはさらなる成長を目指している。

「空港民営化による、にぎわいの創出」という大きなテーマを背負う中、初心者チームと副業人材二人の挑戦は始まったばかりだ。

チームを自走できる集団に育て、地方創生に貢献を

ここからは、鳥取空港ビルのイベント企画・運営チームのアドバイザーを務めている木村健司さんと小林卓也さん、お二人の視点からプロジェクトのこれまでを紹介しよう。

自分たちは本業以外で通用する？ 副業で新しい世界へチャレンジ

木村健司さんと小林卓也さんは、二人とも東京都内に在住する男性。同じ大手百貨店に勤務し、それぞれ部長職を務めている。

木村さんは販売の経験が長く、どちらかというと営業系。現在はギフトの担当で、過去に人事の経験もある。小林さんは全国を巡って商品を発掘するバイヤー系の経験が長く、全国各地につながりを持ち、商品にも詳しい。木村さんのほうが少し入社は早いが、二人とも新卒で百貨店に入社し、勤務年数は20年以上に及ぶベテランだ。そして部長職という管理する立場にもある。ある意味、都市部の大企業に所属する百戦錬磨の仕事のプロフェッショナルである。

木村さんによれば「同じ食品部門ですが、バックボーンが異なります。小林さんは商品や企業とのつながり、私は集客面のアドバイスをしています」。同じ会社で同じ役職に就きながらも、それぞれ違った専門分野を持ち自分の得意領域を活かして、今回のプロジェクトにタッグを組んで取組んでいることになる。

ビジネスの世界において強者とも言える二人にとっても「副業」という経験は今回が初めてのことだった。二人は、どうして副業をしてみようと思ったのだろう。

二人が副業に興味を持ったのは、すでに地方副業を始めていた社内の共通の知人がきっかけだった。「異なる業界とかかわる姿が楽しそうで『やってみたい』とは思ったものの、副業の始め方が分かりませんでした」と、小林さんは最初の頃の戸惑いを振り返ってくれた。

一方、木村さんは知人の存在がきっかけではあるものの、当時、感じていた閉塞感のようなものを打ち破れないかという悩みがきっかけで取組みはじめた。

「管理職になり、若い頃のように怒られることも褒められることもなくなり、どこか閉塞感がありました。ずっと百貨店業界という一つの閉じた社会の中で生きてきて、他の社会で自分は何ができるのかという疑問も感じていました」。木村さんの話を聞いた小林さんはこう続ける。「管理職になると、自分でアクションを起こしたり、プロジェクトを回したりする機会が減りますからね。気持ちはよくわかります」

また、木村さんは人事の経験から「社員一人ひとりが業界外にも通用する人材にならないと、会社も活性化しない」という考えも持っていた。実際に身近に副業をしている人がいたことで、「外の世界で経験や知見を活かして貢献したい」と、副業に一歩踏み出したわけだ。

「週１副社長」プロジェクトで手厚いサポートのもと副業スタート

「副業を始めたい」という二人に、共通の知人が紹介したのが「週1副社長」プロジェクトだった。

二人は２０２１年12月に副業体験スタディツアーに参加し、鳥取空港を訪問。この時は、鳥取空港ビルでの副業が決まっていたわけではなかったが、二人は「イベントに積極的だったり、『名探偵コナン』（作者の青山剛昌氏が鳥取県の出身）をモチーフにしていたり、小さいけれど面白い空港」だという第一印象を持ったという。

それから2ヶ月後、二人に転機が訪れる。

鳥取空港ビルから「イベントでの課題解決に力を貸してほしい」とオファーがあったのだ。すぐにお互いに合意し、イベントの企画・運営に参加することになったのは先ほど紹介した通りだ。

小林さんは当時のことを思い返し、「私たちは副業に対してぼんやりとしたイメージしかなかったのですが、しっかりとプロ拠点にサポートしていただけました。契約までエスカレーターに乗せていただいたような感覚です」と語る。プロ拠点のサポートありきでスムーズに互いに合意ができ契約にまで至ったという考えだ。

地方での副業に限らず、「副業」に興味を持つ人は多い。しかし、知ってはいても、始め方が分からないことがほとんど。やり方も分からなければ、募集先へのアプローチの仕方も知らないため、何も行動を起こしていないというのが現状だろう。「週1副社長」プロジェクトの例で言えば、まずは、副業に力を入れている自治体を見つけ、イベントに参加したり、担当者に相談したりすることが最初の一歩になる。そうした担当者からのしっかりとしたサポートを受けることで、スムーズに副業をスタートできるはずだ。

実際には「副業に踏み出せない人は多いと思いますが、人材を求める企業は多いです。

副業は、企業も人材もお互いに成長できるはず」と木村さん。小林さんも「転職ではないし、移住の必要もない分、ハードルは高くありません。もちろん、お互いの信頼関係があることがベースですが、都会の人材をぜひ活用してほしい」。二人の見解は、副業は採用側、応募側双方にとってメリットが大きいというものになる。

ただ、小林さんが言うように、副業は単にスキルを提供すればいいというものではなく、信頼関係の上で成り立つ。副業の希望者は自分の強みや得意領域を自分で良く知った上で、先方に対してきちんとそれを伝えること。そうすることによって、ミスマッチを防ぐことが大切になってくる。

前のめりの提案にチームが付いていけない！ 軌道修正して一歩一歩着実に

鳥取空港ビルでは、「民営化によるにぎわいの創出」に向けて、社内チームを組織し、イベントを開催してきた。しかし、メンバーにはイベントの運営経験がなく、「どうやってテナントに収益をもたらすか」という壁に直面していた。

百貨店で営業系の管理職である木村さんと小林さんはさまざまな催事やイベント企画・運営のノウハウを持っている。採用側と応募側にはミスマッチはなく、まさにうってつけだった。鳥取空港ビル側からの依頼は、イベント企画・運営チームのアドバイザー。具体的には、チームの企画やアイデア、チラシなどの制作物に対して、定期ミーティングの中でアドバイスをすることだ。リサーチやイベント結果の分析、資料作成などは含まれていない。後者の仕事は二人にとっても必ずしも自家薬籠中の物ではない。

双方のニーズはピタリと合ってはいたが、鳥取空港ビルの場合、企業も副業人材も初めての副業ということもあって最初は双方とも手探りの状態から始まった。

木村さんと小林さんは、チームに期待されている「にぎわい創出」という大きなテーマに対し、次々とさまざまな提案をしていった。

これに対して、チーム側の反応は決して二人の思っていたようなものではなかった。リーダーの大川さんはともかく、乗り気でないメンバーがいることは、管理職経験の長い二人にはすぐ分かった。しかし、最初はぎくしゃくしていても小さな成功を積み上げ信頼関係を築いていけば関係性が大きく変わってくることも数多く経験してきたことだ。しかもアドバイザー仲間は気心の知れた同僚である。二人の方針がぶれることはなかった。

木村さんは「実行するのはチームの皆さんですし、理想と現実は違います。前のめりだったなと反省しています」と振り返る。二人はチームに合った方法を探る中でメンバーとも徐々に打ち解けていった。現在は、検討する内容に優先順位を付けて、一つずつ丁寧にアドバイスをする方法が定着している。

チームとの関係性で、二人が「ターニングポイントになった」と声を揃えるのが、メンバーとの初対面だった。新型コロナ禍でオンラインミーティングによる仕事のやり方が定着し、その効能と限界がよく取り沙汰されるが、やはりリアルに対面で話をし、議論をし時に共に笑う、そうした時間を共有することでチームは一体化する。

契約から1年近く経った頃に、チームが企画したイベントに初めて現地入りして、メンバーと直接会話したことによって関係性はガラリと変わった。「その後、明らかにチームの雰囲気が前向きになりました」と小林さん。対面により、一体感が高まったことをひしひしと感じていた。

企業によって社内の仕組みや背景は異なり、また都市部の大企業で採用されている仕事のスタイルや方法論が必ずしも地方の中小企業にマッチするとは限らない。特にオンラインでのコミュニケーションは、意図したことがなかなか伝わらず思わぬ食い違いが起こる可能性もある。二人は「強引に進めることは絶対にNG。誠実さを持って相手に納得してもらうことが大事です」と寄り添う姿勢の大切さを説く。

平日の空港ににぎわいを！「しゃんしゃん体操教室」スタート

「テナントに収益を落とす」という目標に向けて、チームは試行錯誤しながら企画を考えていった。その中で、二人が「ひとつの成果」と自認するのが、２０２２年９月にスタートした「しゃんしゃん体操教室」だ。

「土日と比べて利用客の減る平日は、テナントの売り上げも厳しく、イベントも土日に集中していいます。『どうすれば平日にコンスタントに人を呼べるか』というテーマからスタートしました」と小林さんは経緯を説明する。

まず、ラジオ体操から発想を得て、企画がスタート。空港のホールを生かして高齢者の運動の場とコミュニティをつくり、さらに教室参加で付与したポイントを飲食テナントのサービスに使えるようにした。毎週木曜11時～11時45分に開催し、毎回20人以上の参加があり、体操後にテナントに立ち寄る流れも生まれている。「テナントとも協力して次の仕かけがそろそろ必要」と木村さんの言葉には力がこもる。

社内交渉術などのノウハウも伝授

二人は企画へのアドバイスのほかに、鳥取空港ビルの組織体系に本業との共通点を感じ、仕事のプロセスやテクニックも共有・伝授している。「同じような組織体系だから分かるのですが、意思決定のルートをないがしろにすると企画の実現が難しくなります。もったいないと感じ、上司への話の進め方や、ストーリーをアドバイスしたわけです」と小林さん。チームをまとめる大川さんからは「アドバイスの通りに実行したら、企画が実現しやすくなりました」と喜ばれている。

このほかにも、二人はチームのメンバーがマルチタスクに苦労していることに気づき「業務フローをつくり、新しい取組みにチャレンジできる仕組みづくりをしたら楽になる」と、その方法をアドバイスしている。「最終的な目標は、チームが自走すること。私たちのノウハウをどんどん吸収してほしいです」。こう語る二人はあたかも生徒の成長を喜ぶ教師の喜びを満喫しているように見える。

自身の再発見ができ、本業への刺激にも

このように、木村さんと小林さんは、チームに対して持てるノウハウや知見を惜しげもなく提供し、その対価として月額3万円の報酬を得ている。二人は自分が提供するものとその対価の関係をどのように見ているのだろうか。木村さんは「報酬はメインではない」とキッパリと言い切る。

「私の軸にあるのは貢献したいという気持ちです。その中で、チームとフラットな関係で、提案や発信できることが心地良く、若い頃を思い出します。自分の原点でもあり、新鮮でもあり、本業への刺激でもある。日々のメリハリになっています」

小林さんもこの副業への満足度は高いと語る。

「自分の中では当たり前だと思っていたスキルが、人の役に立つんだと再発見がありました。まったく違う業界でチームの仲間として働けることが、自信にもつながっています。新しい発見や学びを得ることも多々あり、貴重な経験です」

また、それぞれの3万円という報酬に対する、木村さんの見解はこうだ。「私たちは、大川さんやチームの皆さんの主体性を高めるために、会話をしていくことが大切と考えてい

ます。鳥取空港がにぎわいを生み、若者が働きたい場所になってくれたら、そこにかかわれたことが嬉しい。今の関係性にちょうど良い金額です」。その言葉を引き継いで、小林さんは「妥当な金額です」と深く何度もうなずいた。

自走に向けてサポートし、にぎわいある面白い空港へ

今後について、二人は「チームが自走すること」を契約の最終目標に掲げる。「今は伴走していますが、どの段階から自走してもらうかを常に考えています。強引には進めず、相手が納得の上で段階を踏み、ゴールに向けて走っていければ」と小林さん。

現在、自主企画のイベントは、その時々で集中的に準備しているが、今後は年間計画を立てて中長期的な視野でコンセプトからしっかり練ることをアドバイスしている。ここでも二人の部長職としての広くロングスパンなものの見方と方法論がチームの大きな力となる。木村さんも「自主企画のイベントでは、テナントの方にもかかわってもらっています。しゃんしゃん体操からテナントと鳥取空港がワンチームになろうと盛り上がっているので、その機運をいかに加速させるか……」と次のフェーズに向けて思いを巡らせる。

平日と土日、双方でにぎわいを生み出し、全国でも注目される面白い空港へ――。大き

な目標に向かい、この分野で深い経験とノウハウを持つ強力なアドバイザー二人のアシストを得てチームはまっすぐ確実に走り始めている。

【株式会社Ａ＆Ｅの場合】

お試し感覚で取組むうちに課題が明確化、成果に結び付く

「週１副社長」プロジェクトの参加企業は、最初から解決したい課題がハッキリしている会社ばかりではない。初めのうちは課題も、求める人材像も曖昧なところも多い。ひとまずスタートして試行錯誤するうちに、結果的に成果に結び付く事例もある。走りながら課題が浮かび上がり、都度、解決していくようなパターンである。

倉吉市のトマト生産法人、株式会社Ａ＆Ｅ（以下、Ａ＆Ｅ）における取組みは、そうした事例の典型と言えるだろう。同社は特に何かを解決しようとするのではなく、お試し感覚で二人の副業人材とコラボレーションしたわずか４ヶ月の間に、自社の課題をハッキリ認識するようになり、短い時間の中でこれを解決、成果につなげた。しかも、プロジェクトを主導したのは社長や経営陣ではなく地方の中小企業によくある〝一人事務社員〟だった。社員主導型で進められたユニークな事例でもある。

農業も盛んな県中部でオリジナルブランドのトマトを栽培

倉吉市は、人口5万人弱の鳥取県中部の中心都市である。市内には、国の重要伝統的建造物群保存地区である打吹玉川地区があり、江戸・明治期の土蔵や商家の家並みが残る「白壁土蔵のまち」として知られている。その一方で、中国地方最高峰の大山の東麓に位置し、豊かな土や水などに恵まれてメロンやスイカ、コメやキャベツの生産など農業も盛んだ。

農業生産法人のA&Eは、趣のある白壁土蔵群から名峰・大山に向かって車で15分ほど走ったところにある。豊かな自然に囲まれた場所で大山の良質な地下水を利用してトマトを水耕栽培している比較的新しい農業法人だ。同社が生産するオリジナルブランド「鳥取県産笑心《えこ》とまと」は今、県内外に広く出荷されている。出荷量は年間約200トンにも及ぶ。新興ではあるが今や倉吉を代表する農業法人の一つと言ってもいいだろう。

笑心とまとは「麗容《れいよう》」という品種で、甘みと酸味のバランスが良く、果肉が引き締まって崩れにくい大玉トマトとして高い人気を誇る。トマトは夏野菜だが、ハウス栽培のため県内ではほぼ一年中出回っており、〝春夏秋冬、いつでも買える美味しいトマト〟として県民には馴染み深い。県外には季節限定で出荷している。笑心とまととその加工品は倉吉市のふるさと納税の返礼品にも選定され、品質の高さも折り紙付きだ。

地域貢献で農業法人を設立するも、試行錯誤の連続！

Ａ＆Ｅは、倉吉市内の産業廃棄物収集などの環境事業会社を母体に持つ。もともと農業とは関係のない会社だったが、行政からの声かけをきっかけに、管理者不在となっていた市所有の農業施設の活用と、地域の雇用創出のために、地域貢献として農業事業に進出した。２００８年、「agriculture」（農業）と「ecology」（環境）の頭文字を採ってＡ＆Ｅを設立。翌年からトマトの販売をスタート、現在は正社員六人とパート社員三～四人、繁忙期には季節雇用のアルバイト二〇人ほどが働き、丹精込めてトマトを育てている。

８棟あるガラス製のハウスは総面積が１万平米ある。1年を通じてトマトを水耕栽培し、1～3月の育苗時期以外は収穫が可能だ。苗の植え付けや収穫、剪定などは手作業で行い、自動化されている部分も天気やトマトの状態を見て設定を変えるため、経験や現場の勘は必要だ。Ａ＆Ｅは農業分野の経験が浅く、さらにトマトの水耕栽培は山陰では珍しい方法。設立当初は失敗も多かった。試行錯誤を繰り返し、年間を通して安定して栽培できるようになるまで5、6年かかった。水耕栽培に成功している県外農家から技術指導を受けつつ、

株式会社A＆Eで「週１副社長」プロジェクトを担当した齋尾江利奈さん

現場での成功事例や失敗事例はその都度全員で共有し続けている。苦労を乗り越えて誕生したオリジナルブランドの笑心とまとには「笑顔と愛情をもってつくり上げた気持ち（心）を皆様へ届けたい」との思いが込められている。

そんなA&Eで「週1副社長」プロジェクトを担当したのが、齋尾江利奈《さいおえりな》さんである。齋尾さんは同社唯一の事務職であり、日中の事務所対応を一人でこなす傍ら、ハウス内の作業にも携わる。ハウスの水耕栽培というからには自動化や機械化がされていて、あまり人手を必要としないのかと思いきや、齋尾さんは「DX化は進めていますが、システムを管理するのは人間。皆さんが思っている以上に手はかかるんですよ」と事務職でありながら栽培システムや育成についてもかかわる理由を解説してくれた。

副業人材に何を依頼する？　戸惑いつつお試しで募集

Ａ＆Ｅは、設立当初、トマトの栽培・販売に専念していたが、収量が安定してくると、今度は規格外品や過剰在庫の問題が浮上してきた。「夏の最盛期はどんどん熟すので、１日の収穫で小さな部屋が埋まるほど。また、季節によっては規格外品がどうしても増えてしまうこともあります」と齋尾さん。廃棄トマトの解決策として６次産業化が進み、その結果トマトを100％使用し、着色料や香料が無添加のジュースとゼリーが誕生。当初は加工業者や販路の確保に苦労したが、購入者から「食欲がない時でも飲みやすい」「トマト本来の甘みがおいしい」などの声が寄せられ、手応えを感じていた。

そんな時に、プロ拠点から「週1副社長」プロジェクトの声がかかった。齋尾さんは「最初はとにかく〝分からない〟という感じでした。周囲で導入している事例を聞いたことがなく、副業人材に何をお願いするかも想像がつきませんでした」と戸惑いが大きかった。当時は、規格外品や過剰在庫をどうするかという大きな課題が解決できたばかりで、副業人材に依頼すべき仕事が最初、思い浮かばなかったのだ。断ろうかとも考えたが、一緒に話を聞いていたＡ＆Ｅの大川和彦社長から「とりあえずやってみてはどうか」と後押しがあり、思い直した。新しい農法や6次産業化などに積極的にチャレンジする社風も、抵抗感を薄めたのかもしれない。「加工品の販路拡大や商品の見せ方のアドバイスがもらえたら」と、ものは試しで副業人材の登用をスタートした。

選考では何を見極める？ 求める人物像を再考

募集の際も求める人材像がハッキリしていなかったため、「広く募集して、その中からマッチングができれば」と業種は限定しなかった。求人票に掲載した内容は「商品の売り方や見せ方、市場価値を高める方法について、アドバイスをください」というシンプルなものだった。

しかし、このなんとも素っ気ない募集内容に対してなんと35人もの応募が集まったのである。齋尾さんはこう振り返る。「コンサルタント会社や広告関係、ＩＴ関係や料理家など、さまざまな業種の方から応募があり、本当に驚きました。うれしい驚きの半面、会ったことのない人たちをどうやって選べばよいか、正直迷いました」と本音を語る。書類審査で人数を絞ってオンライン面接に進もうにも、遠隔地に暮らす相手のバックボーンを想像するのは難しい。託すべき課題も求める人材像もまだ曖昧としている。また、初めてのオンライン面接も勝手がよく分からなかった。

齋尾さんが頼りにしたのは、当初からサポートをしてくれたプロ拠点の担当者だった。選定のポイントなどのアドバイスをもらい、改めてどんな人と仕事をしたいかという視点で応募書類を見返した。「広告料にいくらかけて、こんな広告を打ち出しましょうといった、すごく具体的な提案も一つや二つではありませんでした。ですが、自分が求めているのは、出来上がった案を提示していただくより、一緒に課題を明確化してくれてその解決のアイデアを練ってくれる〝伴走者〟のような人だなと気づきました」と語る。

数名をピックアップしてオンライン面接を実施。「何から話していいか分からなかった」と戸惑いもあったが、「この人なら」と思える二人との出会いがあり、両者と２０２１年５～８月の副業契約を結んだ。

マッチングが成功！　良好な関係を構築

初めての副業人材を募集する企業では、Ａ＆Ｅのようにイメージがつかめず、抽象的な募集内容になるケースが少なくない。ミスマッチが起こらないように、副業人材は得意分野などをなるべく具体的に示し、企業側もどういう人材を求めているのか、採用前に改めてきちんと見定める必要があるが、なかなかそれができない。こうした時に大きな役割を果たすのが、マッチングの仲介者である。仲介者が間に入ってサポートし人材を募集する側と応募者側の間にある距離を狭めていくことが、スムーズな副業人材の採用につながる。そして、鳥取県ではプロ拠点がその役割を担っている。

A&Eではこうしたプロセスを経て二人の副業人材を採用することになった。一人は主にホームページやSNSでの商品の見せ方などを相談した本田《ほんだ》さくらさん(仮名)。もう一人は、販路拡大のためのイベントや広告の打ち出し方、レシピなどのアドバイスを依頼した脇康介《わきこうすけ》さんだ。二人ともすでに契約を満了しているが、どちらとも「今もSNSでつながりがあり、交流しています」と齋尾さん。今も良好な関係が続いている。

本業では物販や営業、商品立案に携わっている本田さんには、主にホームページやSNSでの商品の見せ方などを相談した。「見やすさ」を意識することをアドバイスしてもらい、掲載写真のテイストに統一性を持たせ、商品紹介の文章を整理するなど改良した。

「普段、事務所には私一人しかおらず、相談できる人がいなかったので、副業人材の存在はありがたかったです」

齋尾さんのように、地方の中小企業だと、日中の事務所対応を事務スタッフ一人でこなす「一人事務」も珍しくない。相談ができたことに加え、第三者の目線から客観的なアドバイスがもらえたことを、齋尾さんは「新鮮で、世界が広がりました」と良い刺激になったと喜んでいる。

何気ない会話から「面白そう」とアイデアが生まれる

もう一人の副業人材、脇康介さんにはさらに深く販売から広告、イベントに至るまでかかわってもらうことになった。大手食品メーカーに勤務する大阪府在住（当時）の営業職の男性だ。脇さんの会社では、原材料にトマトを使った食品を製造しているので、齋尾さんは「守秘義務の範囲内で、メーカーの視点からアドバイスがもらえれば」と期待。オンライン面接で「画面越しでもとても人当たりが良くて、話しやすい」と脇さんの人柄の良さも決め手となり副業契約を結んだ。

脇さんに依頼したのは、販路拡大のためのイベントや広告の打ち出し方、レシピなどのアドバイスだった。「脇さんも初めての副業で、最初はお互いに手探りでしたが、会話を重ねるたびに信頼関係も深まっていきました。具体的な課題をぶつけるというより、ざっくばらんな会話の中で『こんな風にしたら面白いんじゃないか』とその都度、提案していただいた感じです」と振り返る。

イベントやオンラインショップで手応えを実感

脇さんからはさまざまなアドバイスをもらったが、新型コロナ感染症の流行で実現できなかったことも多かった。「そんな中でも、自社の直売所でイベントを実現できたことはうれしい」と齋尾さん。脇さんのアドバイスに従って、地元の人向けに小規模なイベントを開催した。脇さんは、企画段階では直売所の購買層の分析や、効果的な広告の打ち出し方をアドバイス。イベント終了後は振り返りをしながら、ファンやリピーターを今後いかに獲得していくか、齋尾さんと案を出し合った。「私の手が届いていないことも『こうするといいですよ』と、押し付けるでもなく教えてくれて、勉強になりました。提案された企画をそのまま実行するというより、その前段階の相談がしたかったので、一緒に課題解決に取組むことができて良かったです」と伴走者として付き添ってくれたことを振り返る。また加工品開発の頃から事務所で一人、販路の開拓に頭を悩ませることもあったが、「相談に乗ってくれる副業人材のお二人が心強かった」と当時のことを感謝する。

もう一人の副業人材の本田さんからも、オンラインでの販売に力を入れる提案を受け、大手産地直送通販サイトに登録。「トマトは自社ホームページでも販売していますが、全国的な知名度があるわけではないので、わざわざ見に来てくれる人はいません。それならば、多くの人が利用するサイトで知ってもらったほうが早い」と笑心とまとや加工品のセットを出品した。脇さんからも「通販サイトに出品するならば」と父の日やお中元などのギフト商品を出品するアイデアをもらい、2年目で目標金額に到達。リピーターやクチコミを見て購入する人も増えて、毎週コンスタントに注文が入るようになり大きな手応えを感じているという。

未来につながるアドバイスを、根付かせて育てたい！

脇さんからはいろいろなアイデアが提案された。「季節のギフト商品をつくったり、商品にレシピを添えたりといったアイデアは、生産者の視点では気づかなかったと思います」。購入者からは、「母にプレゼントして喜んでもらえた」「こんなレシピもおいしい」などの反響が寄せられ、社員のモチベーションアップにもつながっている。

齋尾さんは副業人材の二人と一緒に取組むことで新たな課題を発見しながら、その都度、解決をし、成果を積み上げていった。「4ヶ月間の契約でしたが、副業人材からもらったアドバイスは、未来につながるものだったことを実感しています。私自身もお二人の影響で積極的になりました」と、自分から進んでラジオ番組での宣伝にも挑戦した。齋尾さんは「何かあればまた副業人材を募集するかもしれませんが、当面は自分たちの力で頑張りたい」と、副業人材たちが撒いてくれたタネを自分たちの手で育てていこうとしている。

伴走することで得た〝気づき〟は副業人材自身を刺激する

「週1副社長」としての伴走支援は、副業人材にとっても大きな刺激となり、新しい視点やモチベーションの獲得につながることがある。A&Eでの副業に取組んだ脇康介さんに当時の取組みについて、そして副業の結果、自身にどんな変化が生まれたかを聞いてみた。

リモートワークで生まれた時間を副業で有効活用

脇康介さんは、大手食品メーカーに20年勤めるベテラン営業マンである。入社以来、営業畑を歩み、法人営業を担当してきた。脇さんが地方副業を始めてみようと思ったきっかけは、新型コロナ感染症の流行で、在宅勤務が増えたこと。以前は取引先の企業に足を運び、商談までの待ち時間も多かったそうだが、リモートでの商談が増えて移動や待ち時間がなくなり、時間に余裕ができた。「新しくできた時間を有効活用できないか」。そう考えた時に、思い付いたのが自社でも解禁されていた副業だった。

「社会人になってから営業しか経験してこなかったので、キャリアの幅を広げたいと思っていました。マーケティングの知識はありましたが、他部署とのかかわりを通じて、もっと多方面の経験や知識を身に付けたいなと。ただ組織の中ではなかなか思い通りにはいきません。そこで地方副業なら、実現できると考えたわけです」と脇さん。

地方副業を調べる中で、見つけたのが「週1副社長」プロジェクトだった。初めての副業だったが、「新しい時間を効率的に使いたい」という前向きな気持ちが強く、当初からあまり不安はなかったという。

脇康介さんのアドバイスを受け、自社の直売所ではイベントも開催できた

脇さんのように、コロナ禍によるリモートワークの普及をきっかけに、地方副業をスタートさせる人は多い。地方への就職や転職となると転居も伴いハードルは高いが、都市部にいながら地方で副業できる「始めやすさ」は魅力的だ。加えて、自身のキャリアアップや地方への貢献など、得るものの大きさを、多くの副業経験者が実感している。

本業の会社の副業規定は要確認！

プロジェクトに参加する多くの募集企業の中で、ふと目に留まったのがA&Eだった。偶然にも、本業の食品メーカーでは、多くのトマトを商品の原材料に使っていたからだ。「本業の副業規定では、あまりかかわりのある分野は避けるようにとあるのですが、今までのキャリアを生かせる分野で副業したいという思いもありました。当社で取り扱っている原材料を直接生産している農家さんというわけではありませんし、今後の可能性として、生鮮商材と絡めた営業も考えられたので興味を持ちました」とA&Eに注目したきっかけを話す。

脇さんは副業をする上で、本業の会社の副業規定の確認は徹底した。副業のトラブルとして起こりがちで、会社がまず心配するのが機密情報の漏洩だからだ。脇さんが働く食品メーカーが、近しい業界での副業を禁止しているのはこのためである。脇さんは、A&Eが取引先ではないことを会社に事前確認し、問題ないとの承認も得ることができた。「自身のマーケティングの知識を副業先で生かしつつ、生産農家のことを知り、本業にも役立てば」。こうして脇さんの地方副業がスタートした。

リモートだからこそ、細やかなやり取りを

2021年2月のオンライン面接から同年5月～8月の契約期間を含めてすべての期間、副業先のA&Eの事務職、齋尾江利奈さんとは一対一でやり取りをしていたが、コミュニケーション方法はすべてメールやZoomで行われ、直接会ってはいない。「実際に現地に行ってみたい気持ちもありましたが、当時はコロナ禍の真っただ中。遠方の移動は難しかったので、オンラインでのコミュニケーションしかないと当時は割り切っていました」と振り返る。

オンラインだけのコラボレーションをうまく進めるために脇さんがとことん気をつけたのは事前の段取りをどれだけ細やかに行うかということだった。脇さん自身は、すでに本業でリモートワークをこなしていたので、Zoomによるオンラインミーティングに支障はなかったが、事前のやり取りがいかに大切かは身をもって実感していた。同じ食品を扱うとはいえ、業種も規模も地域も異なる。仕事の流儀も考え方も違って当然だ。短時間かつオンラインのやり取りで実効的な成果を出すためには事前のやり取りをどれだけ精緻にできるかがカギだと考えたのだ。

このため、齋尾さんとのオンラインミーティングの前には限られた時間の中で円滑にコミュニケーションを交わせるように、ディスカッションすべきことや解決すべき課題、前もって必要な情報などについて事前にメールでやり取りをしていたという。「Ｚｏｏｍミーティングまでに、メールでとにかく細かく打ち合わせをして段取りをつけていました。トラブルにならず、齋尾さんと良い関係性を築けたのも、こうしたメールで細やかにやり取りを徹底していたおかげかなと思います」

オンラインのコミュニケーションは、遠隔地をつなげ、地方副業という新しい働き方を可能にしたが、対面のコミュニケーションと比べて意思の疎通が図りにくい。まして、副業での共同作業はそもそもが異業種の人間同士、もしくは違う専門分野の人間同士のやり取りになることが多い。直接会ったことがない人同士であればどうしてもコミュニケーションがうまくいかないということになりがちだ。ミスコミュニケーションを防ぎ、成果につなげるためにはキメの細かい事前準備が欠かせない。今後、新型コロナ禍が収束していけばオンラインを基本にしながらも、要所要所で対面のコミュニケーションを挟むハイブリッド型に移行するだろうが、どのような事前準備をすべきかを含め、オンラインミーティングの段取りについてある程度打ち合わせや相談をしておくといいだろう。

引け目に感じていたキャリアを、副業で再評価！

脇さんは、Ａ＆Ｅの副業を通じて自分が持っているものについて新しい発見があった、自分自身のキャリアの棚卸ができたと喜ぶ。副業をする過程で、齋尾さんのアドバイザーのような立ち位置となり、トマトや加工品の売り方、販路の拡大やそのための広告の相談に乗ってきた。

「例えば、商品にトマトを使った料理のレシピを付けることを提案した時は、『発想がなかった』と喜んでいただけた。僕にとっては当たり前のことでも、相手にはそうじゃないんだと気づかされました」

また、Ａ＆Ｅのトマトは地元での消費がメインで、直売所では５kg、10kgと山盛りで販売していたことを知り、「オンラインの通販で贈答品としても展開できる」と提案。以来、加工品やトマトのギフトは、季節の贈り物として好評を得ている。脇さんの第三者の目が、「笑《え》心《こ》とまと」の高いブランド価値に見合った新しい売り方を発見したと言える。

「自分では、営業しかキャリアがないことに引け目があったのですが、齋尾さんに喜んでいただけて『自分のキャリアも捨てたものじゃないんだな』と再評価することができました。また、お話をする中で、自分の足りない部分も知ることができ、こうした〝気づき〟を得られたことは大きい」と副業を通じて自身の再発見にもつながった。

当初は、「副業で得たものを本業に生かしたい」という考えだったが、直接的に本業に生かすというよりは、キャリアを見つめ直して、新しいスキルを磨く「リスキリング」へと意識は向かった。「後悔というわけではないのですが、もっと知識や資格を持った上で、副業先の役に立てれば良かったという思いがあります」と、Ａ＆Ｅでの副業期間中に自分に足りなかった部分や、この先、もっとキャリアの幅を広げたいという脇さんの思いは、今、中小企業診断士の資格取得へと向かっている。「新しい目標を見つけることができたというだけでも、副業をした意義を感じています」と脇さんは意欲を燃やしている。

副業はキャリアを広げる選択肢

中小企業診断士の資格取得後に、「改めて副業をしてみたい」と話す脇さん。地方副業をこれから始めてみたいという人に、次のようにアドバイスを送る。「大きな組織にいると、なかなか自分の思う通りにキャリアを積むのは難しいと思います。その意味で、副業は一つの選択肢になるはず。挑戦してみないと分からない面白さが待っていると思いますよ」と自身の経験を踏まえて、一度挑戦することをすすめている。

脇さん自身は、「営業しか経験がないから」と、副業先でどれほど役に立てるのか疑問を抱いていたようだが、実際には当たり前と思っていたことが喜ばれ自身の再評価へとつながった。「大きな組織に属していると、ずっと同じ部門にいてもいろいろな部門とのかかわりがあります。『キャリアが一つしかない』と思っていたのに、意外と他部署とのかかわりから得た知識が役立つ場面があって自信になりました」と話す。

地方企業にとって、都市部人材を副業で受け入れることは、課題解決や将来的な成長にも大きなメリットがある。脇さんは「副業人材の人は自分のキャリアやスキルに自信を持って大丈夫。これまでの経験や得意分野を応募書類でしっかりアピールして」とエールを送る。実際に、ミスマッチを防ぐためにも応募書類で具体的なＰＲをすることはとても大切だ。相手企業との間で誤解が生じないように、どんな経験があり、どんなことができるのか、分かりやすく伝えることを心がけたい。

募集企業も、いろいろな人材との出会いを楽しみにしてほしい

また募集企業の側も、副業人材を求人する際に業務内容とどんな人材を求めているかを

明確にしておく必要がある。「ただし、職種を専門家に限定しなくても良いのでは、と思う求人もありました」と脇さんは自身の応募時を思い出す。「私が応募していた時期は、マーケティングやプログラミングの専門家の募集が多かったのですが、あまり専門家に絞りすぎると、本当の課題に気づけないのではと感じました。その会社が本来の課題に気づいていなかったり、これが課題に違いないと思い込んでいたりする可能性もあるので、最初はスペシャリストよりジェネラリストのほうが、課題の発見に向いているのではと感じます」と分析する。

最初から専門職に業種を絞るよりも、アドバイザーのような存在と出会うことで、お互いに発見があるのも事実だ。脇さんの場合も、思いもよらないことが評価され、役に立つという気づきがあった。齋尾さんも脇さんと一緒に考えることで頭の中を整理し、アイデアを実践していくことができた。「僕自身もそうですが、副業を考えている人は報酬よりも相手企業やその地方の役に立ちたい、自分の幅を広げたいという人がほとんどだと思います。さまざまな出会いは、副業人材も、募集企業にも良い刺激になるはず。お互いに転職ほどのリスクもありませんから、気負わずに副業ができるようになるといいですね」

副業を経て、資格取得という新しい目標に進む脇さん。本業だけでは得られなかった〝気づき〟を得て、未来に向けて力強くステップアップしている。

【三和段ボール工業株式会社の場合】

最新の、外部ノウハウと知見をどんどん取り入れる

そもそも外部人材だった常務取締役と、都市部の副業人材が組んだ強力タッグ

三和段ボール工業株式会社（以下、三和段ボール）は、鳥取県中部の倉吉市で段ボールの企画・製造・販売を行っている従業員27人（2023年3月時）の会社である。昭和36年の創業以来、主に鳥取県内の企業に向けて工業用品をはじめ各種製品の段ボールケースを開発してきた。

三和段ボールの副業人材との向き合い方は、一言でいうならば、「外部人材とノウハウの徹底活用」となるだろう。というのも、同社で「週1副社長」プロジェクトを担当し推進している常務取締役の松本公彦《まつもときみひこ》さん自身がそもそも外部からの転職組であり、その松本さんが大野学《おおののまなぶ》さんという「週1副社長」と連携しながら、外部のノウハウや知見を三和段ボールにどんどん取り入れていこうとしているからだ。目的は、ずばり、総務や人事といった

バックヤード部門の徹底的な強化である。

松本さんは２０２１年5月に鳥取銀行から三和段ボールに転職してきた。言葉は悪いが、社内的には新参者と言える。現・代表取締役会長の森敏昭《もりとしあき》さんから、№２として経営のサポートを期待され同社に参画してから2年ほどになる。松本さんと森会長は同じ町内に住んでおり、祭りなど地域のイベントで顔を合わせる機会も多く、森会長の息子であり現社長の森英司《もりえいじ》さんは松本さんがコーチを務めていたサッカークラブの元教え子でもあった。

松本さんは、１９９６年に鳥取銀行に入行して以来、赤碕出張所長、鳥取北支店長、営業統括部地方創生グループ担当部長などを歴任してきた生粋の地銀のエキスパートである。地域企業をサポートする地方銀行で四半世紀にわたって活躍してきた松本さんにとって、「地方創生」「地域の活性化」はライフワークと言っていい。

三和段ボール工業常務取締役の松本公彦さんも外部からの転職組

松本さん自身も「金融機関という資

金面や経営面で県内企業をサポートする立ち位置ではなく、実際に事業主体である県内企業の人間として、地元に関わりたい」と強く思ったことが転職を決断した理由だったと振り返る。

「地域企業の多くが後継者問題を抱えていますが、三和段ボールもまた社長を補佐する№2のポジションを必要としており、縁があってお声がけいただきました。三和段ボールは近所の公園を地域住民が集う場所にしようと活動するなど、地域の核になる会社でもあります。自宅から会社まで数分の距離だったこともあり、銀行でやっていた地域づくりを自分の街に落とし込み、自らやってみたいと思いました」と松本さん。

松本さんは1973年生まれ。当時は50歳という節目を迎える目前だったこともあり、ちょうど今後の仕事人生を見つめ直していたタイミングでもあった。こうして松本さんは、地元の中小企業だからできる地元に根ざした地域活性化へと、活動のフィールドを移すことになった。

自社のブランディング強化に取組む

松本さんは、三和段ボールに常務として入社して以来、総務や人事など会社のバックヤード部門を担当している。その中でも特に力を注いでいるのが、企業イメージの向上、すなわちコーポレートブランディングの強化だ。

松本さんは2021年の入社以来、昔ながらの作業着をスタイリッシュなデザインに変更したり、企業ロゴをリニューアルしたりと、三和段ボールの企業イメージ向上につながる施策を次々に打ち出している。自社イメージを変えるためにありとあらゆる手を打ちたい松本さんが、次に着手したのが自社サイトの全面刷新だった。

実は、ここ数年、三和段ボールが抱えてきた大きな課題が若手の離職だった。新卒の採用や中途採用によって徐々に若返りを図ってきた同社だが、せっかく入社してもらった若手社員が離職する問題をなかなか解決できずに苦しんでいた。「若手社員が自社に魅力を感じ、誇りと愛着を持てるようになれば自ずとこの問題は解決できるはず」であり、そのためにも会社のブランディング強化は絶対に欠かせない。そして、その第一歩が自社サイトのリニューアルだったのだ。

「当社は企業向けに段ボールを卸している会社であり、製品自体に魅力があるわけではありません。だからこそ自社のブランディングを強化し、面白そうな会社だという印象を広め、優秀な人材を集めることで新規事業の創出につなげたいと考えました」

松本さんはさらにこう続ける。「これからの当社の未来を見据えた時に、入社した若手社員がこの会社を選んでよかったと実感してもらい、前向きな気持ちで活躍してもらうことが大切です。また、多くの若者がここで働きたいと思ってもらえるような魅力的な情報を発信していくことで採用時のミスマッチも減っていくと考えています」

松本さんが三和段ボールに参画した当時、同社のサイトは2016年から5年間更新されておらず、掲載されている情報は古いままという状態だった。今の時代、サイトが更新されていない会社に来たいと思う若者はいない。

「採用だけでなく、マーケティング上にも大きな問題があります。サイトを見て問い合わせをくださるお客さまもいますし、当社を詳しく知りたいと思った時に真っ先にチェックするものでもありますから、情報が5年も更新されていない会社に対して不安を持つなと言っても無理があります。その意味でも、サイトのリニューアルは喫緊の課題でした」

2016年から更新が止まっている自社サイトのリニューアルは容易ではなく、まっさらのところから新しく立ち上げることに等しい。以前からある情報や素材を整理整頓する分を考えれば、マイナスからのスタートと言ってもいいだろう。同社にはサイトの構築やリニューアルに詳しい人材はいないため、外部の力を借りるほかないが、鳥取県内で探そうにもサイトリニューアルに詳しく、しかもコーポレートブランディングにも長けた人を見つけるのは至難の業だ。

そこで松本さんが目を付けたのが「週１副社長」プロジェクトだった。実は松本さんが鳥取銀行にいた頃、同プロジェクトで副業人材と仕事をした経験があった。

「副業人材の方は非常にレベルが高く、良いかたちで仕事ができたのです。優秀な人が採用できる実感があったので、プロ拠点のサブマネージャーが当社に訪問してくれたことをきっかけに、ホームページのリニューアル案件で副業人材の募集をかけることが決まりました」

２０２１年8月に求人を掲載したところ、15人から応募があり、４名とオンラインで面談を実施。最初の3名が初期費用数百万円を必要とするプランを提案する中、全く毛色の異なる提案をしたのが、最後に面談をした大野学さんだった。

大野さんは、動画配信サービスの「ニコニコ動画」で知られる株式会社ドワンゴのニコニコ事業本部兼営業本部本部長を務める。ニコニコ動画のサービス事業を管掌しており、まぎれもなくインターネット分野におけるプロ中のプロである。

「大野さんの提案は、ノウハウや知識がない私たちでも理解できる、非常に分かりやすいものでした。サブスクリプションのサービスを利用しホームページをリニューアルするという、シンプルで手の付けやすい内容で、毎月のコストも月々3万円と安く済みます。そもそも大野さんご自身が同じ方法でドワンゴの自社サイトのリニューアルを行った経験があるとおっしゃっていて、これはいい！　と膝を打つ思いでした」

選考過程で松本さんを悩ませていたのが、まさに費用の問題だった。使えそうな補助金など、下調べをしてから仕切り直すことも検討していた中、サブスクリプションサービスを利用して初期費用を抑えられる大野さんの提案は松本さんの背中を強く押すことになった。

もう一つ、松本さんの心を大きく動かしたのは、大野さんが松本さんの質問を即座に、そして的確に打ち返してくれたこと。松本さんは、「この人こそ自分がタッグを組むべき相手だ」と確信し、二人の連携が始まった。

大野さん効果で、社内のＤＸ化も進み始めた

こうして2021年11月から大手ＩＴサービス企業ドワンゴで日本最大級の動画サービス事業の本部長を務める大野さんが、「週1副社長」として三和段ボールで仕事をすること

になった。「ホームページのリニューアルはもちろんのこと、それにとどまらないサポートをしてくれています」と松本さん。さらにこう続ける。

「大野さんは『松本さんがやりたいことを実現したい』と言ってくれています。ホームページのリニューアルは、あくまで僕がやりたいコーポレートブランディング施策の一つでしかないのですが、他の施策の実現についても一緒に考えてくださっています」

松本さんと大野さんのやりとりは、月1回のオンラインミーティングが基本となっている。それ以外に、2~3ヶ月に1回の頻度で、鳥取県の三和段ボールに大野さんが直接訪れている。

「オンラインが中心ではありながらも、顔を見ながらコミュニケーションが取れていることで仕事が進めやすくなっていると感じます。僕が出張で東京に行く際に大野さんとお会いすることも多いですね。ＩＴのプロとして私のやりたいことを、フットワーク軽く全面的に支援してくださっていて、こういう方と出会えたのは本当にラッキーでした」と松本さんは語る。

大野さんは営業会議や全社ミーティングに参加するだけでなく、時には社員と一緒にサウナへ行ったりサッカーをしたりすることもあるという。「懇親会でも弾けてくれています」と話す松本さんの口振りからは、三和段ボールの社員が大野さんを好意的に受け入れている雰囲気を感じる。大野さんが社員と直接交流をするような密なコミュニケーションを取ってくれたことで、三和段ボールの社内に予想を大きく超える変化も現れている。業務のデジタル化、いわゆるＤＸが進行し始めたのだ。

「当社はアナログな会社です。例えば、これまでメールは会社のパソコンからしか見られませんでした。営業は出先からメールが確認できず、いちいち会社に戻らなければならなかった。そんな話を聞いた大野さんが、『会社のメールを各自のスマホに飛ばしましょう』と提案してくださり、ぱぱっとネットで調べ、やり方を教えてくれました」と松本さんは目を輝かせる。

他にも大野さんの提案で、ホワイトボードで管理していた社員のスケジュールをＧｏｏｇｌｅカレンダーに移行するなど、それまでどっぷりとアナログ文化に浸っていた三和段ボールにデジタルの風が吹き込み、日々の業務のあり方までもが変わり始めた。

その一例が、段ボールの図面の電子化だ。

「これまでは受注を受けたらキャビネットから紙の図面を引っ張り出し、製造現場に持っていき、製造が終わったら図面を元の位置に戻すという流れが基本でした。ＰＤＦデータで図面をＰＣに取り込めば業務は楽になるだろうという話は以前からあり、２年前から着手はしていたものの、コピー機のスキャナーを使って一つひとつ取り込むのは手間がかかってしまう。作業は完全に止まってしまっていました」と松本さん。

ストップしていた図面のＰＤＦ化計画が再始動するきっかけになったのが、大野さんによってもたらされた「デジタル化をすると便利になる」という社内の空気だった。ＩＴを取り入れる必要性を実感として理解したからこそ、ＤＸ化にコストをかけることへの抵抗が弱まったのだ。

「大変な仕事を楽にする仕組みがあるのなら、お金をかけてでも実現しよう。そんな雰囲気が生まれたことで、社員の一人が『３万円のスキャナーを購入したい』と提案してくれました。結果、２年間進まなかった約４０００枚の図面のデジタル化がたった３ヶ月で終わったのです」

今後は社員にタブレット端末を配り、そこで図面を確認できるような仕組みも検討中だと松本さん。そうやって業務を効率化することで、「新規事業の創出につなげたい」と意欲を語る。

松本さんは「若い社員には、生まれた余剰時間で新しいことにチャレンジしてほしい」

と言う。「そういう動きを評価する仕組みもつくりながら、新規事業によって新たな収益源をつくりたいですし、そういう発想を持つ社員を増やしたい。その最初の一歩を大野さんがつくってくれたと思っています」

外部から来た人間と副業人材の二人三脚

大野さんの存在によって会社の空気も業務のあり方も変わりつつある。「良い方向に向かっている」と松本さんは確かな手応えを感じている。「転職するからには会社を良い方向に変えたい」という思いを胸に鳥取銀行から転職してきた松本さんにとって、打てば響く相談相手としての大野さんの存在は精神的な支えにもなっている。

「当社はオーナー会社であり、昔ながらのやり方が良しとされているところがあります。そこを変えるために外から来た私のような人間が役員として入ったわけであり、会長も社長も応援してくれている。とはいえ、立場的に率直な意見を言いにくいことはありますし、社員のみんなが僕のやり方に納得しているかが分からない中、『これでいいのだろうか』と思ってしまうことは正直あります」

外部からの転入組が小さな会社の上層部に来て改革を進める時、経営陣の後押しは不可欠だ。実際、作業着を新たなデザインに変えた時は「前のほうがよかった」と反対する声もあったという。従来の作業着を着続ける人に対し、松本さんからは強く言えない中、会長からの「新しいユニフォームを着よう」という声かけで新デザインが浸透していった。「周囲のサポートがあって社内変革を進められている」という松本さんにとって、「週1副社長」である大野さんもまた大きな支えとなっている。

外部から来た人間にとっては当たり前で正しいと思うことが、その会社にとっても正解かどうかは分からない。古くからいる人間にしか分からないこともまた多いため、最初のうちは自らの判断になかなか自信が持てないものだ。まして異業種からの転身組である松本さんにとってはなおさらである。「転職して日が浅い中で会社を変えようとすることに心細さを感じる瞬間もありますが、そんな時に大野さんから意見をもらえると、僕も自信が持てます。背中を押してもらっているなと思いますね。副業人材を選ぶ時に『僕がやりたいことを一緒に実現できる人』という軸でも見ていたのですが、大野さんはまさにピッタリの方です」

鳥取県内企業の三和段ボールにとって、大野さんは完全に外部の人である。両者の間をつなぐのが「同じ鳥取県内から転職してきた、半分外部の人」である松本さんだからこそ、良いバランスが実現できている。「最初は『松本が変な人を連れてきたな』とみんな思っていたでしょうけど、今では大野ファンも増えてきました。この間も一緒に食事をしたのですが、大野さんは『自分も売り上げに貢献したい』とお話ししてくださって。まずはホームページを完成させることからですが、そう言ってくださるのはうれしいですね」

今後は、まずはホームページを仕上げることを第一に考えているが、引き続きコーポレートブランディング施策を中心としたサポートを大野さんに依頼していく予定だ。

「僕にはやりたいことがたくさんあるので、『これで大野さんとの契約は終わり』という日は訪れない気がしています。契約は1ヶ月更新ですが、最初から長くお付き合いできる人と仕事がしたいと思っていましたので、引き続き一緒にやっていけたらいいですね。月額3万円というのも、最初は安すぎるのではないかと心配でしたが、実際に大野さんとタッグを組んでやらせていただく中で、お互いに『やらなければ』というプレッシャーにならないちょうどいい金額なのではと思うようになりました。大野さんに鳥取へ来ていただく際の交通費の負担を含めても、妥当な額だと大野さんからも言っていただいてますし、私自身も最近ではそう感じています」

松本さんは大野さんと出会えたことを幸運であり縁だったと考えている。松本さんの求めに応じて的確なアドバイスをくれたり、社内に溶け込んで雰囲気や文化まで変えてくれたりすることはもちろんだが、何よりも良かったのは、一緒に仕事をする上での相性だという。「大野さんは上司だったら厳しそうですが」と松本さんは笑って話す。「大野さんは僕らに対してとても丁寧に対応してくれているのを感じます。でも、本業では部下が800人いらっしゃいますし、きっと組織の中では厳しい人なのでしょうね。接し方を使い分けられる、柔軟な人なのだろうと思います。遊び心もあるし、本当に良い方に巡り合えました」

大手ＩＴ企業の本部長は、なぜ「週１副社長」プロジェクトに応募したのか

ここで誰しも疑問に思うことがある。それは、800人の部下を持つ大手ＩＴ企業の本部長がなぜ地方企業の「週１副社長」に応募したのかということだ。ここからは、三和段ボールの「週１副社長」大野学さんの視点から見ていこう。

鳥取県倉吉市の三和段ボールで副業を行う大野学さんが所属しているのは、大手ＩＴサービス企業のドワンゴである。大野さんは、日本最大級の動画サービス『ニコニコ』事業の本部長を務め、現在は営業や企画、マーケティングを中心に事業全体を統括し、約800人の組織を率いている。「ニコニコ動画」や「ニコニコ生放送」といったサービスの名前を聞いたことがある人は多いだろう。

大野さんが副業を始めたきっかけは、新型コロナウイルス感染症の拡大によって本業がリモートワークに切り替わり、時間ができたことだ。約３年前から主にデジタルマーケティ

ング支援の領域で副業を始め、現在は東京以外の地域企業５社に携わっている。

「リモートワークになったことで、働く場所を都心に限定する必要がなくなりました。以前から地方活性化に関心があったこともあり、リモート環境が整った今なら地域のために役立てるかもしれないと思ったことが、東京以外の企業で副業を始めた理由です」と語る。

大野さんが最初に副業を始めたのは２０２１年２月。最初の１社は三和段ボールではなく、出身地である熊本県の企業だった。同社との副業は現在も続くが、「地元のためになりたい思いと、実家にただで帰りたいという下心。この二つが始めた動機でした」と笑って話す。その一方で、鳥取県とはこれまで全く縁がなく、「行ったこともなかった」と大野さん。三和段ボールとの出会いは、知人の紹介から生まれた。

「ドワンゴはＩＴ企業なのに、自社のホームページが古くてダサかったんです。だからリニューアルしたい

「ニコニコ動画」や「ニコニコ生放送」で知られる株式会社ドワンゴ　ニコニコ事業本部兼営業本部の本部長　大野学さん

と社長に提案し、実際に実行した経験がありました。それを知っていた知人が紹介してくれたのが、三和段ボールのホームページのリニューアル案件だったというわけです」。副業でホームページのリニューアルを手がけるのは初めて。本業での経験が他社でも生かせるのか、そんな力試しの意味もあったと言う。

「費用感やコンテンツ内容などポイントが分かっていたので、それをそのまま三和段ボールのプロジェクトにスライドすればいい。自分は適任だろうと思いましたし、ちょうど休日に時間もあり、ご縁でしたね。そんな軽いノリで応募したので、面接はキャンプ場から受けました(笑)」

面接の場では、自身が自社ホームページをリニューアルした際に使用したサブスクリプションサービスを提案。これは、月額3万円の定額料金でウェブ制作の知識がなくても用意されたフォーマットを利用して簡単にサイトがつくれるサービスだ。ある意味、既製品のフォーマットを使うわけだが、出来上がるサイトの見栄えはフルカスタムでつくる場合と遜色はない。その一方で、フルカスタムに比べて圧倒的にコストは安くなる。

「リニューアルには初期費用で100万円単位のコストがかかりますが、このサービスであれば3年間使い続けても約100万円。最初に100万円を一括で支払って3年後に内容が古くなるよりも、月額3万円を払って自分たちで中身を更新し続けられるほうがいい。面接ではそんな話をしました」

採用する側の三和段ボールが大野さんを副業人材として選んだ決め手は、まさにその提案内容だった。一方で、応募者側の大野さんが面接後に三和段ボールの案件をやろうと決めた理由は、プロジェクト担当者である松本さんその人だった。

大野さんは「松本さん自身も三和段ボールに転職していて、『会社を変えたい』という意欲を強く感じました。これまで副業をやる中で地方の中小企業は保守的になりがちだと感じていたので、社内の人に変える意思があることはとても重要です。そういう意味で、松本さんとならうまくいきそうだと思えました。人柄の良い方で、相性も合いそうかなと思いました」と当時のことを振り返る。

報酬についてはどうだろうか。大手IT企業で事業本部長という立場にあり、800人の部下を率いる大野さんにとって3万円という金額はどう響いたのか。大野さんは「全く気にしていなかった」とあっさり答える。「むしろ報酬が高いと、求められるものも高くなります。あくまで本業が優先ですし、負担にならずにできる範囲で携わりたいという考えが強かったので、『安くてすみません』と企業側から思われるぐらいがちょうどいいと思っています」

固定のルールは設けない

大野さんは現在、基本的には月1回のオンラインミーティングと、月数回のテキストでのやり取りをしている。副業を開始した当初から、固定のルールは設けていない。

「ボールは常に松本さんにある状態を意識しています。松本さんはお忙しい方なので、こちらから連絡をすることで逆に急かしてしまうかなと。だからやりとりの頻度は松本さんの業務状況に応じて変わります。集中してやる時は、もっとこまめに連絡を取ることもありますね」

月額3万円という報酬はお互いに気軽である半面、それゆえに「気付けばしばらく連絡を取っていなかった」という事態を招きかねない。やり取りに関するルールを設けずとも成り立っているのは、「松本さんにやりたいことがきちんとあるから」と大野さん。「松本さんがやろうとしていることはコーポレートブランディングです。そのためにやりたい施策が松本さんの頭の中に溢れているので、僕はテニスで言う壁打ちの相手となって、一つひとつクリアにしていくお手伝いをしているイメージですね。ホームページのリニューアルも、あくまでその施策の一つにすぎません。そのためにどのようなコンテンツが必要か、松本さんと話し合いながら考えています」

ひとまずはホームページのリニューアルをすることがゴールだが、明確なスケジュールや具体的な数字の目標はない。というのは、解決すべき課題は多岐にわたり、サイトのリニューアルというゴールは明確に持ち続けながら、他の案件の解決も同時並行で進めているからだ。それが副次効果としての、三和段ボールのＤＸ化の取組みにつながっている。

「松本さんの壁打ち相手として話を聞き、松本さんが心地良く仕事をするためのサポートをするのが役割」だと大野さんは話す。「本業であればＫＰＩを立ててＰＤＣＡを回して……と定量目標に縛られがちですが、三和段ボールさんとやり取りをする中で、企業風土に合った目標設定をすることが大切だと感じました。そのやり方でも三和段ボールさんの売り上げは伸びていますし、それなら自分の普段のやり方はやめようと最初の頃に決めました」

オンライン上のやり取りのほか、大野さんは2～3ヶ月に1回の頻度で、鳥取県にある三和段ボールを訪れている。その理由は「オフラインでしか得られない価値を感じているから」と話す。

「実際の雰囲気が分かりますし、複数人でブレストをするならリアルのほうがいいですから。本業との兼ね合いで頻繁には行けませんが、三和段ボールさんからは『毎月来てください』とおっしゃっていただいて、ありがたいです。鳥取県のおいしいものをたくさん食べられますしね（笑）」

東京に拠点を置きながら、地方企業での経験を得られる機会があるのは、自身の考えの幅を広げることにつながっている。そうやって現地を訪れるようになったことで、三和段ボールとの関係性も深まっている。「三和段ボールさんは、朝から活気がある雰囲気です。朝はラジオ体操から始まる、その感じが良いんですよ。その後は皆さんそれぞれの仕事に専念するので全員と接点があるわけではないですが、営業の方とお話しする機会は時々ありますね」

大野さんが三和段ボールの現場と直接コミュニケーションを取ったことで思わぬ副産物が生まれた。先に触れた、三和段ボールの業務改善、DX化の推進につながったのだ。「外回り中の営業さんがメールを見るために、いちいち会社に戻っていたんです。もう、僕からすると信じられない（笑）。『スマホから見られるようにしましょう』と提案し、実際に外出先からメールが見られるようにしました。大した話ではないですけど、それでも三和段ボールさんからすると『助かったよ』となる。当初考えていたよりも僕ができることは多いのだと実感しましたね」

大手企業との違いはスピード感。地域企業との違いを楽しむ

東京の大手IT企業であるドワンゴと、鳥取県内の中小企業である三和段ボール。地域、企業規模、業態の全てが異なる。中でも両者の大きな違いとして、大野さんはスピード感を挙げる。

「なぜなら解決すべき課題は多岐にわたり、優先順位を都度見直しているので。だから松本さんが気持ち良くできる進め方でやっていきましょうと話し、1年経ってもホームページはまだ完成していない（笑）。心配になることはありますけど、そこは鳥取的なスピード感でやっていますね」

東京のIT業界ではあり得ないスピード感をおおらかに受け止めている大野さん。そこに焦りや苛立ちを覚えないのは、いままでのやり方が正しいわけではないという気づきがあったから。「本業の僕は数字に追われています。スピード感を求めますし、期限はきっちり切る。3万円の発注をしたら、3万円以上の対価を戻すことを期待するでしょうね（笑）。でも、必ずしもその考えが正しいわけではないと分かった今は、自分の考えに幅ができた

気がしています」

しかし、本業では常にユーザーを増やし、サービスを拡大させ、売り上げを伸ばすことを考えている大野さんの目には、三和段ボールのあり方が新鮮に映ることも多くある。「リモートで仕事ができるようになり、その気になれば営業の範囲を他県にまで広げるのは容易になりました。でも、三和段ボールさんは顧客満足向上を何よりも大切にされており、単に売り上げを拡大することだけが全てではないのだなと。そんな違いもまた面白いです」

本業で約800人もの部下を束ねる大野さんにとって、「全員が一枚岩な状態はあり得ない」のが前提。一方の三和段ボールは同族企業であり、従業員数は24人。家庭的な雰囲気を「うらやましく思うこともある」と言う。

そうやって本業と副業の違いを体感する中で、大野さんが学ぶことも多い。「東京でビジネスをしていると、その進め方が正しいと思ってしまいがちですが、そうではないのだと改めて思います。世の中にはいろいろな人がいて、自分の正解が万人にとっての正解ではない。当たり前のことを再確認する機会になっていますね」。本業で忙しい日々を送る大野さんにとって、副業での経験が自らの仕事のあり方を見つめ直すいい機会になっているのだ。

また、東京のやり方だけが全てではないと思うようになったことで、「豊かになった気がする」と振り返る。「歳を重ねるにつれてだんだん欲しいものはなくなっていくし、レストランの高い食事よりも田舎の新鮮な食材のほうがおいしいのではと思うこともあって。そう考えると、地方で楽しく生きるのもいいかもしれません。都心で働けなくなったとしても、こうやって生きていく道もあるのだと思えることは、精神的な安心感にもつながる気がしています」。仕事とは何か、豊かさとは何か。三和段ボールで取組む副業は、大野さんの人生観や仕事観にも影響を与えていると言えそうだ。

副業がうまくいく理由は、結局は、人と人のつながり

三和段ボールでの副業がうまくいっている理由は「松本さんの懐の深さと人柄が全て」と大野さんは言い切る。

「松本さんは鳥取銀行で支店長まで務めた、現地のスーパーエリートだと思います。そこから民間企業に転職し、定年までのんびり仕事をするのではなく、社内を変えようとしている。県内からすると変わり者なのかもなと思います。とはいえ東京のビジネスパーソンと比べればおおらかさもあって、その塩梅が心地良いですね」

大野さんは今後について、「松本さんのやりたいことをサポートできるうちは長く続けていきたい」と話す。月額3万円、1ヶ月更新の副業であり、そのカジュアルさが功を奏している半面、「終了になったらちょっとショックかもしれない」と明かす。大野さんにとって、松本さんと連携して進める副業は単なる期間限定のものと、必ずしも割り切って考えているわけではないようだ。

「役に立てている実感があるのは楽しいですからね。この間も三和段ボールさんに行ったら、『Wi-Fiの調子が悪いんですけど、どうにかなりませんか?』って言うんですよ。そんなの業者に電話すれば済む話じゃないですか(笑)。でも、僕がそういう相談に乗ることが、三和段ボールさんにとっての価値になります」

「しかも定期的に現地へ行けるわけですから、最高ですよ」と話す大野さんからは、三和段ボールでの副業を楽しんでいる様子が伝わってくる。そんな大野さんが、これから三和段ボールで目指すものは何だろうか。

大野さんの答えは「三和段ボールを世の中に広めること」だ。「この取材を受けたのもその一環です。松本さんが三和段ボールのブランディングをしたいと言っていて、その役に立てると思ったから受けたのであり、そうでなければ絶対に断っています。『僕の力が役立つなら、一緒にもっと会社を良くしていきましょう』という気持ちはありますし、その余地もまだまだある。だから本業が忙しくなっても、頼ってもらえるうちは続けたいですね」

松本さんと大野さん、二人の強力タッグは、まだしばらく続くことになりそうだ。

【株式会社いなばハウジングの場合】

若年世代の顧客獲得に向けた老舗工務店の挑戦

経営課題をSNSに絞り込み、若手ビジネスパーソンの支援を受ける

「SNSによる新規顧客獲得」という絞り込んだ経営課題を設定し、気鋭の若手ビジネスパーソンの支援を上手に受けているのが、鳥取市を拠点とする工務店「いなばハウジング」である。

同社は鳥取県の県庁所在地である鳥取市を拠点に家づくりを行う地元密着型の老舗工務店だ。夏は猛暑、冬は豪雪になることもある鳥取県独特の気候を踏まえ、主に県産材を用いながら一年中快適に暮らせる住まいづくりを提案し、施工するというビジネスを展開している。

地域に深く根ざして家づくりを手がけてきたいなばハウジングだが、近年は少子高齢化やライフスタイルの変化に直面し、宣伝の手法を転換する必要があるのではないかと考え

るようになっていた。従来は主に新聞の折込チラシから新規顧客を獲得していたが、今や若い世代を中心に新聞をとらない家庭も増えている。同社の代表取締役社長・山田真也《やまだしんや》さんは、ターゲットとなる「新築の家を建てる可能性が高い年代の家庭」へのアプローチに課題を感じていたのだ。

そこで山田さんが注目したのが、TwitterやFacebook、InstagramといったSNSを通じた新規顧客獲得だった。しばらく前から、同業他社でSNSを集客に活用し始めている事例が山田さんの目や耳に入ってくるようになっていた。

株式会社いなばハウジング
代表取締役社長の山田真也さん

いなばハウジングとしても何とかしなければいけないと思いながらも、社内にはSNSに強い人材もいなければ、運用に関するノウハウもない。重要だと分かっていながらも、他の業務を優先せざるを得なかった事情もあった。山田さんはこう語る。「実は7年ほど前にアカウントをつくってみたことはあったのですが、ＳＮＳへの苦手意識もあり、何を投稿したらいいのかが分かりませんでした。日々の通常業務で忙しい中、どうしても後回しにもなってしまう。やりたい思いはありつつも、なかなか手をつけられずにいたのです」

動き始めたきっかけは、ＳＮＳを使い慣れた若手との出会い

自社のＳＮＳ運用の必要性を感じながらも億劫に感じてしまっていた山田さんが重い腰を上げるきっかけは、２０２０年夏に採用面接をした若手女性の一言だった。「彼女は面接の約１年前に家を建てていましたが、『TwitterとInstagramしか調べなかった』のだそうです。当社はＳＮＳをやっていませんでしたから、彼女のような人とは出会いようがないわけです。若い人が家を建てるにあたって、当社は検討の土俵にも上がっていないことを痛感しました」

ＳＮＳを使い慣れている彼女がいなばハウジングに入社することが決まったのは２０２０年秋のこと。ＳＮＳを運用するにあたって最小限の体制はなんとか整ったものの、実際に誰に向けて、どのようなコンテンツをどんな頻度でＳＮＳに上げていけばいいのかといった具体的なノウハウはどこにもない。同社には「どうやって運用すればいいか」を事細か

に提言してくれるアドバイザーの存在が必要だった。

とはいえ、予算が潤沢にあるわけではないため、コンサルティング会社に依頼をすることもできない。「ＳＮＳのコンサルティングをやっている企業もありますが、成果が出るか分からない中で数十万円ものコストをかけるのはリスクが大きい。ＳＮＳ運用を丸ごと業者に委託する選択肢もあるけれど、それだと社内にノウハウは蓄積されません。かといってＳＮＳ運用をリードする人を正社員で採用するほどの業務量はないし、そもそも田舎は人材不足ですから、採用できるとも思えませんでした」と山田さん。

そんな山田さんのニーズにピタリと一致したのが、プロ拠点が進めている「週1副社長」プロジェクトだった。山田さんは、以前、プロ拠点のサブマネージャーが飛び込みで来社した際に説明を受けたことを思い出した。「都会のビジネス人材に、月額3万円、1ヶ月更新でサポートしていただけるのは気軽でいいなと。副業人材からアドバイスをもらって運用は当社スタッフがやるのであれば、抱いていた懸念は全て払拭できますし、始めるハードルも低いと思いました」

思い立ったら吉日。山田さんはさっそくプロ拠点に連絡を入れ、「週1副社長」人材の募集に参加することにした。

正社員を採用するような気構えで臨んでしまい、〝迷子〟になる

2020年夏にSNS運用のアドバイザーの副業募集を開始したところ、一週間とたたないうちに約10人の応募者が集まった。順調な滑り出しだったが、山田さんとしては、予想以上の反響と応募者の質の高さに「戸惑いもあった」という。さらにこう語る。「応募者の中には大手企業勤務の方もいて、そういう方を当社のような中小企業が選ぶことに気後れしてしまいました。ひとまずお礼のメールをしたものの、その後の連絡を躊躇してしまって……。副業の業務は必要であるものの緊急性は低いので、通常業務を優先してしまい、結局3ヶ月ほど放置してしまいました」。反響がありすぎて、ある意味〝迷子〟になってしまったのだ。

初めての副業採用ゆえに、「正社員と副業の採用を混同してしまっていた」と山田さん。正社員を採用する面接のような気構えで臨んでしまったことで、決められなくなってしまった。長期的に雇用する正社員に対し、副業は短期契約である。仕事内容もあくまでプラスアルファの業務であり、「アルバイト採用の延長くらいの感覚で選考をすればよかったのだと思う」と山田さんは振り返る。

このまま単独で悩んでいたら、同社の副業人材獲得はままならなかっただろう。慣れない採用に戸惑う山田さんの支えとなったのは、同社を担当したプロ拠点のサブマネージャー・角田祐輔《つのだゆうすけ》さんだった。

山田さんは振り返る。「迷いに迷ってしまい、『もうどうしたらいいか分からない』と正直に伝えたら、角田さんが応募者を選別し、半分ほどに絞ってくれたんです。その人たちにメールをして、3名からお返事をいただき、どうにかオンライン面談まで進めることができました。角田さんのフォローがなければ、正直採用は諦めてしまっていたと思います」。細かなことまで相談できるプロ拠点とサブマネージャーの存在がきわめて重要であることを示すエピソードだ。

「最初は『早く選考を進めてください』と言われるのが嫌でしたけれど」と冗談まじりに話す山田さんから、角田さんとの良好な関係性が垣間見える。面談後、二人の最終候補者まで絞り込み、「どちらも素晴らしい方で一人を選びきれず大いに悩みましたが、その際も角田さんが相談に乗ってくれて決断できました」と山田さん。「候補者のうち、一人は一緒に歩んでくれそうな方で、もう一人は上から引っ張り上げてくれそうな方でした。『引っ張ってくれる人の方が御社には合うと思う』と、角田さんから客観的な意見をもらえて助かりました」

山田さんがプロ拠点の角田さんから的確なアドバイスが受けられたのは、解決したい課題が「SNSによる情報発信」と明確に絞り込まれていたことによるだろう。山田さんも「募集内容と欲しい人材の条件を正しく伝えられたことが大きい」と話す。「もし『新規プロジェクトをつくってほしい』『売り上げを2倍にしてほしい』といった募集内容だったら、角田さんもどういう人がいいのか分からなかったと思います。要望が大きすぎると月3万円の副業にも合わなくなってしまいますから、募集側が副業であることを意識して、何をしてほしいのかを明確にするのはポイントでしょうね」

気鋭の「週1副社長」とのコラボレーション

そうして、いなばハウジングのSNS運用アドバイザーとして選ばれ、2020年12月から同社の「週1副社長」をスタートさせたのが、大手不動産会社の三菱地所で働く松本《まつもと》崇《たかし》さんだ。新卒で三菱地所に入社して以来、営業や経営企画、IRなど複数のジョブローテーションを経て、現在は人事業務を担当している。山田さんは「東大卒で非常に賢く、頭の切れがすごい」と松本さんを称する。

現在のいなばハウジングでは、SNS運用に本腰を入れるきっかけとなった女性社員と、山田さんの妻である山田美和子《やまだみわこ》さんの二人がSNS運用を担当。月1回のオンラインミーティングを基本に、松本さんからのアドバイスをもらいながら日々TwitterとInstagramを更新している。

「松本さんは最初の頃、『これをつくるのに半日かかっているのでは?』と思うような立派な資料をつくってくれていました。そうやってリプライの仕方やハッシュタグの付け方、投稿するのに効果的な時間帯など、1から10まで丁寧に教えていただきました。実際の投稿に対してもアドバイスをいただきながら、投稿の内容や文面のくだけ方など、さじ加減を調整していきました」

「上から引っ張り上げてくれるタイプだった」ことが松本さんを採用する決め手となったが、当初のイメージ通り、松本さん主導のもとSNS運用を進めてから約4ヶ月でフォロワー1000人の目標を達成した。

ただし、あくまでもSNSは新規顧客獲得のためのツールであり、真のゴールは成約につなげること。そうした考えのもと、松本さんには引き続きSNS運用のアドバイスをしてもらいながら、他の業務にも携わってもらっている。その一つが、2021年に1年かけて行ったホームページのリニューアルだ。「企画や制作は地元の広告代理店にお願いしたのですが、松本さんにはいわばセカンドオピニオンのイメージで、代理店からの提案を第三者の目で見てもらっていました。時には代理店とのやり取りに入っていただくこともありました」。他にもＳＮＳの広告運用やＧｏｏｇｌｅアナリティクスの見方など、「成約につなげるための施策」を軸に松本さんがかかわる範囲は広がっている。まだ成約にはつながっていないものの、その効果は着実に出つつある。

「新規のお客さまとお話をする際に『ＳＮＳを見ています』と言われることが増えましたし、『こういう風にしたい』とＳＮＳの画像を見せてくださるお客さまもいます。反響を実感できますし、フォロワーが増えているのも数字で見えますから、ＳＮＳ運用をしている社員のやる気にもつながっているのかなと思います」

想定外の副産物だったメディアへの露出

もう一つ、想定外の大きな副産物だったのが、副業人材の受け入れに関して多くのメディアから取り上げられたことだ。松本さんと仕事をするようになった約2年間で、日本経済新聞やＮＨＫをはじめ、およそ10回もの取材を受けてきた。

「全国紙や全国放送に自社が取り上げられるのは、単純にうれしいことです。リモートでの地方副業はコロナ禍で注目を集めましたが、その初期に取組んだからこそ、うまくいった事例として取材のお声がけをいただいているのだと思います。現状はメディアに出たことで新規顧客の獲得につながったことはないですが、この先何かしら花開いてくれたらいいですね」と山田さんは語る。

松本さんとの副業が成功している要因として、山田さんは二つのポイントを挙げる。

一つ目は何をしてほしいかを明確に伝えること。二つ目は、月3万円の副業であることを常に念頭に置いて、正社員のような業績を求めることはしないということだ。山田さんは「病院の先生に『なんとなく調子が悪い』と言っても適切な処置をしてもらえないように、具体的な要望を伝えなければ、副業人材は手の出しようがありませんから」と言う。

正社員と副業の違いを認識することも重要だ。自発的な動きが求められる社員に対し、副業はあくまで業務委託。両者を混同してしまうと「言わないと何もやってくれない」といった不満を抱くことになりかねない。

月額3万円でここまでやってくれるという感謝の気持ち

「月3万円という少額でお願いしているわけですから、過度に期待をしないことは重要だと思います。副業人材への要望が高すぎると、お互いにギャップが生まれ、関係性を築くのも難しくなるのではないでしょうか。当社の場合、『このくらいやってもらえれば十分』という期待以上のことを松本さんがやってくださっている。『そこまでやってくれるのか』と思えるから、うまくいっているのかもしれませんね」

期待以上の動きをしてくれる副業人材に応えるためにも、「アドバイスを実行する環境が社内にあることが重要」だと山田さんは指摘する。それがなければ仕事は前に進まず、最悪の場合、副業人材のモチベーションを損なうことにもなりかねない。「松本さんは限られた時間の中で当社の仕事をしてくれています。月1回、約2時間のミーティングをしてる間は、一生懸命に当社のことを考えてくれる。それは本当にありがたいことです。うちの要望に対して全力で打ち返してくれているわけですから、不満は全くありません。それどころか、むしろ月3万円でここまでしてもらっていいのかと思うくらいです」

今後については、「まずは松本さんと一緒にSNS経由での成約という成果を味わいたい」と山田さん。「ＳＮＳ運用のアドバイスから始まって、ホームページのリニューアルや広告運用にも力を貸していただきましたから、これからまた新たなことをお願いすることもあるかもしれません。少なくとも今は契約を終了する理由がないですし、これからも長くお付き合いできればと思います」

いなばハウジングが松本さんと仕事をして2年以上になるが、まだ松本さんが鳥取を訪れたことはない。今は直接会う機会を探っている最中で、「松本さんが鳥取に来たらおいしいものをご馳走したい」と山田さん。

今は新たに別の業務で「週1副社長」を受け入れることも検討中だ。「面談をした際、『鳥取との縁はないけど、地方を盛り上げることに貢献したい』と皆さんが口を揃えておっしゃっていたのが印象に残っています。そのような想いを抱いてくれている都会の人がいるのだと実感しましたので、これからも都市部のビジネス人材の力を借りていきたいと思っています」

自らのスキルアップにつながる「週1副社長」という仕事

いなばハウジングで副業を行う松本崇さんは、東京大学を卒業し新卒で大手不動産会社の三菱地所に入社した。営業職からキャリアをスタートし、経営企画やIRなど複数のジョブローテーションを経て、現在は人事の業務を担当している。その傍ら、現在は副業で3〜5社と関わり、企業経営およびデジタルマーケティングの支援を行う。では、松本さんの目に「週1副社長」業はどう映っているだろうか。

松本さんが副業を始めたのは、30歳の節目に今後のキャリアを見つめ直したことがきっかけだった。松本さんはこう語る。「人生100年時代と言われる今の時代は、常にスキルアップをしなければいけません。本を読んだり転職したりとさまざまな方法がありますが、結局は仕事をしながら新たな知見を身に付けるのが最も効果的だと思っていました」

そんな折に、自身が勤める三菱地所が副業を解禁した。三菱地所という会社が好きで、そもそも転職をする気はなかった松本さんにとって、本業の仕事を続けながら外の世界で実践的にスキルアップができる副業は渡りに船だった。

「当時はちょうど自己研鑽の一貫として、中小企業診断士の資格を取得したタイミングでした。まずは資格を生かして本業で馴染みがあった経営企画の副業を始めたのですが、売り上げを上げる方法として必然的にマーケティングが絡んできます。マーケティングのアドバイスをすることも増えたので、マーケティング単体の案件も受けてみようと考えました」と松本さん。そこで目をつけたのが地方企業だった。福岡県出身の松本さんは、大学入学から上京し、現在も東京で働いている。一方で地元に目を向ければ、同世代の多くが進学や就職を機に地元を離れており、地方都市からの若手の流出が以前から気になっていたという。

三菱地所に勤める松本崇さんは
中小企業診断士の資格を持つ

「故郷のありがたみは年々強く感じるようになっています。だからこそ地方企業に貢献したい想いはあったのですが、東京と比べればビジネスのマーケットが小さくなってしまう懸念もあり、転勤やUターン転職はなかなか考えられずにいました。でも、今なら東京にいながらオンラインで地方企業の仕事ができる。これはチャンスだと思いました」

それまでの松本さんの副業案件は全てビジネス上の人脈からの紹介だった。しかし、松本さんの主な人脈は東京であり、紹介される案件はどうしても関東に偏ってしまいがち。そこで、自ら地方副業の求人を探し、出会ったのが鳥取県のいなばハウジングだったというわけだ。

自分にとって経験の浅いマーケット分野で経験を積む機会と考えた

ここで二つの疑問が湧く。まずは月額3万円の報酬について安いとは思わなかったのだろうか。松本さんに聞いてみると、「正直、最初は安いと思いました」と明かす。松本さんがそれまで経験してきた経営企画の案件と比べれば、月額3万円はかなりの低価格だった。しかし、それでも松本さんが応募に踏み切ったのは、「条件がピタッとはまったから」だという。

「マーケティング分野では経験が浅く、本業でやっている人と比べれば僕のレベルはまだまだです。でも、僕が経営企画の案件を3万円ではお受けしないのと同様に、プロのマーケターはこの金額では引き受けないでしょう。だからこそ自分がお手伝いできる余地があるし、経験を積む機会にもなると思いました」

もう一つの疑問は、なぜ地元である福岡県や九州の副業案件ではなく、特別な思い入れがあるわけでない鳥取県を選んだのか、という点だ。その答えは、松本さんの案件選びの二つの視点にあった。

「まず一つは、自分が力になれそうか。いなばハウジングさんの募集内容は、新規顧客獲得を目的としたＳＮＳ運用のアドバイザーです。その目的がインフルエンサーを目指すといったことではなく、鳥取県内での認知獲得だったことから、このくらいの規模感を目指すのであれば力になれそうだと思えました」

そして、松本さんは、もう一つの視点として企業の魅力を挙げる。「いなばハウジングさんのホームページを見た時に、ただ安くて良い家をつくるのではなく、きちんと自分たちの家づくりのこだわりを持ち、そのこだわりとお客さんのニーズを結び付けながら仕事をしている姿勢を感じました。自分がマーケティングの対象を良いと思えなければ、成果はなかなか上がりません。だからこそ僕自身が『いいな』と思えたことが決め手になりました」。つまり案件と企業の魅力が先にあり、その場所が鳥取県だったのはあくまで結果に過ぎないということだ。加えて、面接でいなばハウジングの山田さんと話し、「うまくやれそう」と思えたことも後押しとなった。

松本さんはこう振り返る。「山田さんは変に構えるでもなく、『こういうことはできますか？』とフランクに話してくださいました。少し緊張している雰囲気も感じましたが、かえって人の良さや誠実さが見えたように思います。SNS運用を真剣にやろうとしているのが伝わってきました」

採用を決めた山田さんは「候補者のうち、松本さんが一番上から引っ張ってくれそうな印象だった」と面接を振り返ったが、そこには松本さんの明確な意図があった。「ただでさえ新しいことに取組むのは不安なのに、副業人材を使うのはより不安じゃないですか。SNS運用自体が初めてだとも言っていたので、何をすればいいのか分からない中で『一緒に考えましょう』というのは負担でもあります。だから、ある程度の方針は僕から提案したほうがいいだろうと思っていました」

マニュアルを用意するようなイメージで資料を整え、丁寧に疑問や悩みを解消していく

こうして2020年12月から松本さんはいなばハウジングでの副業をスタートさせた。

同社の「TwitterとInstagramの運用を「まずは継続する」ことを最優先に据え、最初の３ヶ月で一通りのノウハウをＳＮＳ運用担当の二人のスタッフに伝えた。

その際、松本さんはパワーポイントの資料を用意。それをベースに運用テクニックを説明し、運用担当者からの質問に答えながら、実際に運用をする中で生じる疑問や悩みを解決していった。「僕だったら、初めてやることに口頭でアドバイスをもらったとしても、時間がたったら分からなくなってしまうと思いました。見栄えが多少なりとも整っている資料があれば振り返りやすいし、担当者が変わった場合の引き継ぎ資料にもなります。そんな考えのもと、マニュアルを用意するようなイメージで資料をつくっていました」

資料づくりについては「月額３万円とは切り離して考えていた」と松本さん。同社での副業を長期的な視点で考えていたからこその判断だったという。「業務量は時期によってばらつきがあるでしょうし、おそらく業務負荷は開始当初が最も高くなるだろうと思っていました。最初の数ヶ月だけで見れば割に合わないかもしれないけれど、資料があることで質問が減ったり、疑問が高度になったりすれば、結果的に僕の業務負荷も早々に軽くなるはずです」

想定通り、業務負荷は右肩下がりに減っていった。約２年がたった現在の業務量は月数回のメールのやり取りと、１回２時間のオンラインミーティングが月１〜２回ある程度。ミーティングの準備も１時間ほどで終わるようになり、「時間単価で考えれば月額３万円は妥当な額」と松本さん。成果も順調に出始め、目標として掲げていた「１年以内にフォロワー１０００人」はわずか４ヶ月で達成。半年から１年で運用の体制を整えることを目指した結果、約１年でＳＮＳ運用を社内で自走できる状態を実現した。

「当初のプロジェクトとしては一区切りついたので、『いつでも契約を終了していいですよ』と僕から山田さんに伝えました。１年間で関係性が深まり、僕もいなばハウジングさんの事業に愛着が生まれていましたから、向こうから終了とは言いにくいかなと思ったんです」と松本さん。

ところが、「ＳＮＳ運用の目的は新規顧客獲得。そのためにやるべきことはまだまだある」という山田さんの判断のもと、契約は継続することになった。ＳＮＳを見た人が次に訪れるであろうホームページのリニューアルをサポートすることになり、企画や制作会社とのやり取りに携わった。今は完成したホームページのＳＥＯ対策にも取組んでいる。「本来はＳＮＳ運用が軌道に乗った時点で終了でよかったはずだけど、こうやって新しい仕事の依頼をいただける。非常に光栄ですし、そういう人間関係を築けたことは大きな財産だと思っています」

リニューアル後のホームページは情報が充実しており、いなばハウジングの家づくりのこだわりが随所から伝わってくる。そう伝えると、「一緒にリニューアルをやった山田さんたちのおかげ」という答えが返ってきた。「皆さんがどんどんアイデアを口に出してくれるので、苦労はありつつも楽しくつくれました。手前味噌ながら、良いものになったなと思います」

コラボレーションがうまくいくための工夫

松本さんにいなばハウジングでの副業が上手くいっている理由を尋ねると、ここでも「いなばハウジングさんがすごいから」と松本さん。「次回までにこれをやりましょうと私が伝えて、いなばハウジングさんが行動に移されていなかったことは一度もありません。これはすごいことですよ。ＳＮＳ運用担当者のお二人は、『こんなことをやってみました』と想定以上の行動をしてくれていて、逆に僕が助けられています。副業人材にやってもらうのではなく、自分たちの会社を良くするために自ら行動する自主性は、本当に素晴らしいと思います」

どこまでも謙虚だが、話を聞いていくと、いなばハウジングが積極的に動けている背景には松本さんの工夫もあることが見えてきた。「全てオンラインのやり取りになるので、ミーティングを終えるまでに、次回に向けた具体的な行動イメージをお互いが持てる状態に持っていくことを心掛けています。同時に、他の業務もある中で『どこまでできるか』を話し合った上で、無理なくやれる範囲に納めることも意識していますね。SNSは投稿だけを見れば5分くらいで終わりそうに見えますが、実際は内容を考えたり写真を用意したりと、結構時間がかかりますから」

同社との約2時間のミーティングは、ちょっとした緊張を解きほぐす、30分から1時間ほどのアイスブレイクから始まる。「最初の頃は本題から始めていたけど、気がつけば自然とこうなった」と松本さんは朗らかに話すが、意図せず業務外の話をしてもらえるだけの親近感と信頼を得られたのは、おそらく松本さんの「当たり前を捨て、相手の目線に合わせる」スタンスも影響しているのだろう。

「『SNSは全員やったことがあるだろう』ではなく、対話を通じて相手の知識や理解度を探っていくことが大切だと思っています。これくらいは知っているはずだと決めつけてしまうと、相手も『分からない』とは言いにくくなってしまいますから。きっと東京のビジネスパーソンの中にも『今更聞けない』と知ったかぶりをしている人はたくさんいると思います。僕も時々やっちゃいますね（笑）」

この先も引き続きいなばハウジングとの仕事を続けたい気持ちがある一方で、松本さんは「いつ終了してもいい」と明かす。「皆さんと仲良くなった分、終了したら多少ショックかもしれませんが、いなばハウジングさんが自走できるようになったと考えれば喜ばしいことです。今後鳥取県に行った時にいなばハウジングさんのところへ遊びに行くなど、関係性は続けられますしね。そうやって、また何か困ったことがあった時に一緒にやれればいいなと思います」

そう思えるのは、２年間で築いてきた関係性があるからこそ。初めての地方副業を経験し、全く接点がなかった鳥取県と縁ができたことで、現在住んでいる東京都、実家の福岡県に加え、新しく身近に感じられる地域ができたこともまた「単純にうれしい」と松本さん。「月３万円の『週１副社長』プロジェクトは気軽に小さな動きが起こせる仕組みであり、僕のような副業人材が増えれば、鳥取県に与えられる影響も大きくなるのだと思います。そうやって鳥取県が副業で先進事例をつくることは、そこに携わる僕ら副業人材にとってもブランドになる。『週１副社長』プロジェクトが副業人材の市場価値を上げる一つの要素になれば、地域創生はどんどん面白くなっていきそうだなと思います」

あとがきに代えて

「週1副社長」プロジェクトをスタートしてかれこれ4年の時が流れました。ありがたいことに縁に恵まれ人に導かれ、なんとか今の形ができました。思い返すとかなり苦しい時期もありました。禍福はあざなえる縄のごとしと言いますが、まさしくその通りだな、でも、それも自らが精一杯やって思えることなんじゃないかなどと最近よく思います。

しかし、一つ、このプロジェクトの原型というか、最初の一歩を踏み出させてくれた確かなターニングポイントと私の運命を変えた「金言」があったことをお話ししておきたいと思います。

今でもそのシーンは鮮明に記憶に残っていますし、その時いただいた言葉は折に触れて耳に蘇ります。この日の経験がなかったならおそらく「週1副社長」プロジェクトは形になっていませんし、私が今こうしてこの本を書いていることもなかったでしょう。

それは、私が情報収集を兼ねて県内企業を毎日のように訪問していた頃、鳥取県倉吉市にある製造業の会社を訪れていた時のことでした。いつものように、社長さんとお話ししていたのですが、そこの社長さんは真顔でこう言われたのです。

「オレの話を黙って1時間聞いてくれる人がいれば副業で採用したいんだけどな」

この言葉を聞いた瞬間、私の中で何かが反応しました。雷に打たれたとまでは言いません。でも、どくんと脈が上がり、脳に鋭く電流が流れた気がしました。「『話を黙って聞いてくれる人』……。『副業で採用』……、ちょっと待て。これ、何かあるぞ。ある、絶対」みたいな感じです。

当時のことを今、整理すると次のように書けます。

「孤独な戦いをしている経営者の悩みやニーズ、仮説などをきちんと聞いて寄り添う、あるいはテニスの壁打ちのような対話型相談のできる都市部の副業人材を県内企業に紹介する。とにかく『人の話を聴く』力のある人材だ」

もちろん、この時はそこまで明確なイメージは浮かぶはずもありません。当然モヤモヤしたままです。でも本質は掴んでいました。ある意味、「週1副社長」プロジェクトの鉱脈を発見した瞬間でした。

私が全国各地へ事業説明や講演会に行った際、都市部大企業の人事部、都市部ビジネス人材、商工団体、地域金融機関等から「地方副業をするにあたりどんな能力やスキル、資格が必要ですか？」という質問を必ずと言っていいほど受けます。そこで、地方で副業をしたい、週1副社長になりたいと考えている方に向けて、私が考える副業のために必要な能力は「人の話を聴く」力です。

一般的な副社長は、社長のサポート役として企業を運営する上で重要な役割を果たす存在です。社長が会社のビジョンや方針を考え、決定する一方で、副社長はその実現のために具体的な戦略やプランを策定し、チームをまとめる役割を担います。そのため、副社長には幅広いビジネス知識や経営スキル、コミュニケーション能力が求められます。

しかし、地方副業における「週1副社長」に必要なたった一つの能力は「人の話を聴く」ということなのです。何らかの作業（タスク）を求めているというよりも、まずは「自分の話を聞いてほしい」、「悩み相談にのってほしい」という経営者のほうが多いんです。しがらみのない社外の人にあれこれ話を聞いてもらえる機会を、経営者は欲していたのだということです。私は前職がコンサルタントですから自分では当たり前と思っていた「傾聴の力」に大きな価値があることに企業訪問を通して気付かされたわけです。

都市部のビジネス人材にとって、地方企業という未知の環境に身を置き、経営者とゼロからコミュニケーションを積み重ねるプロセスは、本業でのマネジメントを振り返るのに有益になると思いますし、時間を売って金銭を得るという発想ではなく、外に出て経験を獲得することを目的とするなら、なおさら非常に有意義だと感じています。

「週1副社長」プロジェクトは、県内企業側にとっても副業人材にとっても、理想的な関係性にあると思います。本業に差し支えのないよう、また、家族のいる方もいますから、プライベートの時間の範囲内で週に一回程度オンラインで無理なく働けるペースを考えるとこれは理想的なバランスで、地方副業を通じて、本業では得ることのできない経験を持ち帰っていただきたいという想いを持っています。

私個人としてもこのプロジェクトを通じて、また本書を書き上げて改めて「人の話を聴く」ことの大切さを実感したところがあります。私自身の仕事、人生、そのすべての基本となるとさえ思っています。人と人とのコミュニケーションのいちばん大事な基本なのかもしれません。あのとき、社長に言われたひと言は、これからもことあるごとに何度もかみしめ、自分への箴言として常に思い出すようにしたいと考えています。

さて、ここまで読み進めてこられた方は、鳥取県の「週1副社長」プロジェクトについてどのような感想をお持ちになったでしょうか。前半は私がこのプロジェクトにかかわったきっかけから始まって、形になるまでの悪戦苦闘を含むお話です。後半については、実際に〝できる〟ビジネスパーソンを「週1副社長」として迎え入れた鳥取県内企業と、都市部のビジネスエリートとも言える「週1副社長」たちのコラボレーションの姿、そしてそこから見えてくる「成功の秘訣」を紹介しました。

前半と後半を通して読んでいただくことで、今、鳥取で進んでいる「週1副社長」プロジェクトという新しい「働き方革命」の姿がハッキリと像を結んできたのではないかと思います。私もすべて書き切った感があります。副業・兼業をやりたいと考えているビジネスパーソンの方、自社でも副業・兼業を許可しようと検討している大企業関係者の方々、さらに人口減少や高齢化に悩む日本の各地域で人材確保に苦労している地方企業の経営者の皆さんに何らかの有効な情報やヒントが提供できたのではないかと考えています。

自分でも原稿を書き、様々な方と議論を進めながら改めて思うことや新しい発見がありました。この過程で「週1副社長」という働き方こそ、間違いなく、これからの日本を大きく変える新しいワークスタイルだという確信を深めました。さらに今後もこのプロジェクトを磨き上げながらさらに大きく育てていこうと強く決意している次第です。

もし日本の他の地域でもこうした「週1副社長」プロジェクトを立ち上げたいと思っていらっしゃる方がいらしたら、ぜひ本書を何度も読んでください。そこには何らかのヒントが必ずあるはずです。何せ、プロジェクトを手掛けてきた私自身が読み返すたびに新たな気づきがありますから間違いありません。そして、「本書を超える何かが欲しい」「自分も『週1副社長』プロジェクトをやりたい」という方がいらしたら、ぜひ「とっとりプロフェッショナル人材戦略拠点」までご連絡ください。新しいコラボレーションが始まることを期待しています。

少し長々と書いてしまいました。ここまでお読みいただき、ありがとうございます。心より御礼を申し上げます。

「週1副社長」プロジェクトの出版を決めた2022年の初夏から書き始めて1年あまり、何度かの修正と削除を繰り返して、何とかここまでたどりつきました。このプロジェクト、そして出版化計画、そして私、松井太郎という個人にかかわっていただいた方、すべてに厚く御礼を申し上げます。

長年にわたりプロジェクトを暖かく見守り応援し続けていただいた平井伸治知事をはじめとする鳥取県庁の皆様、私を鳥取に導いてくれたKさんや東口さん、日々の仕事の仲間であり戦友でもある鳥取県立ハローワークの皆さん、歴代のサブマネージャー、鳥取銀行の入江頭取、さらには、紙面に限りがあるため全員のお名前をあげることはできませんが松井太郎を支援してくださり、時には叱咤激励もしてくださったすべての方々に深く謝意を捧げます。

出版にあたっては、前例がない中、成功を信じて週末や深夜にかかるミーティングや編集作業であっても、初日から最後まで常に一緒に伴走していただいた出版プロデューサー・エディターの髙山和良さん、第4章実録のインタビュー取材では、もはや社員レベルのコミットメントで日夜サポートしてくれたライターの天野夏海さん、倉恒弘美さん。まともなオリエンテーションもない中で、快く途中からマーケティング担当として参画してくれた大登貴子さん、今井出版の島秀佳社長、藤木雄一さんに御礼申し上げます。

そして、最後に、鳥取で出会い、この土地のことについて右も左も分からない私を導き、人生の伴走者となり常に私を支えてくれている妻の孝子に深い感謝の意を伝えて筆を置きます。本当にありがとうございました。

２０２３年４月

松井　太郎

週1副社長になりませんか。

人口最小《ビリ》県「とっとり」にビジネスエリートが続々集まるワケとは

2023年5月29日　初版第1刷

著　者　松井 太郎

発　行　今井出版
〒683-0103　鳥取県米子市富益町8（今井印刷内）
電話（0859）28-5551

発売元　日販アイ・ピー・エス株式会社
〒113-0034　東京都文京区湯島1-3-4
電話（03）5802-1859　FAX（03）5802-1891

印刷・製本　今井印刷株式会社

ISBN 978-4-86611-338-8